交通运输科普基地
发展研究与实践

牛　犇　董　静　李晓菲　编著

人民交通出版社股份有限公司

北　京

内 容 提 要

本书分为上、下两篇。上篇为交通运输科普基地发展研究，全面梳理我国科普基地内涵、政策和框架体系以及交通运输科普基地的管理和分类，以可靠翔实的调研数据深入分析行业科普基地的现状和问题，并从新时代科普新要求出发，提出交通运输科普基地建设思路和国家交通运输科普基地评价工作建议。下篇为交通运输科普基地建设实践，详细介绍了科技场馆、教育科研、生产设施、历史文化、其他等 5 类 14 个交通运输科普基地的实践案例，内容包括科普基地概况、科普特色及典型活动、科普基地建设运行经验和启示等。

本书可供交通运输科技创新工作者和科普工作者学习参考。

图书在版编目（CIP）数据

交通运输科普基地发展研究与实践／牛犇,董静,李晓菲编著. — 北京：人民交通出版社股份有限公司,2023.5

ISBN 978-7-114-18757-5

Ⅰ.①交…　Ⅱ.①牛…②董…③李…　Ⅲ.①交通运输—科学普及—研究—中国　Ⅳ.①U

中国国家版本馆 CIP 数据核字（2023）第 074086 号

Jiaotong Yunshu Kepu Jidi Fazhan Yanjiu yu Shijian

书　　　名：**交通运输科普基地发展研究与实践**

著 作 者：牛　犇　董　静　李晓菲

责 任 编 辑：周佳楠　周　宇

责 任 校 对：赵媛媛　魏佳宁

责 任 印 制：张　凯

出 版 发 行：人民交通出版社股份有限公司

地　　　址：（100011）北京市朝阳区安定门外外馆斜街 3 号

网　　　址：http://www.ccpcl.com.cn

销 售 电 话：（010）59757973

总 经 销：人民交通出版社股份有限公司发行部

经　　　销：各地新华书店

印　　　刷：北京市密东印刷有限公司

开　　　本：787×1092　1/16

印　　　张：12.25

字　　　数：276 千

版　　　次：2023 年 5 月　第 1 版

印　　　次：2023 年 5 月　第 1 次印刷

书　　　号：ISBN 978-7-114-18757-5

定　　　价：80.00 元

（有印刷、装订质量问题的图书,由本公司负责调换）

《交通运输科普基地发展研究与实践》

编 写 组

主　　编：牛　犇　董　静　李晓菲

参编人员：杜　媛　何　亮　陈军华　郭卫华　王　娜

吴洪洋　张婧嫄　尚文豪　蔡　赫　石赟琦

张　杰　初北平　王玉军　王　贤　吴秋雯

冯守忠　王　煜　王志强　林永浩　成莉玲

毕鸿彬　郑蕉林　钱　敏　黄佳萍　罗　昊

张晓航　董自洁　孙婉琳　李银震　陈楠枰

冒卫星　姜东青　弓永军　付学佳　赵逸莹

PREFACE 序言

　　加强国家科普能力建设、提高公民科学素质是增强自主创新能力的重要基础，是推进创新型国家建设的重要保障。党中央、国务院历来重视科普工作。2002年，国家颁布实施了《中华人民共和国科学技术普及法》，首次以法律形式对我国科普的组织管理、社会责任、保障措施和法律责任等作出规定，为科普工作提供了法律保障。2006年，国务院颁布了《全民科学素质行动计划纲要（2006—2010—2020年）》，指出提高公民科学素质对于增强公民获取和运用科技知识的能力、改善生活质量、提高国家自主创新能力、建设创新型国家、实现经济社会全面协调可持续发展和构建社会主义和谐社会都具有十分重要的意义。2007年，科学技术部（简称科技部）、中共中央宣传部（简称中宣部）、国家发展和改革委员会（简称国家发展改革委）等8部门联合印发了《关于加强国家科普能力建设的若干意见》，指出"加强国家科普能力建设是建设创新型国家的一项重大战略任务"。

　　2016年5月30日，习近平总书记在全国科技创新大会、中国科学院第十八次院士大会和中国工程院第十三次院士大会（简称两院院士大会）、中国科协第九次全国代表大会上提出"科技创新、科学普及是实现创新发展的两翼，要把科学普及放在与科技创新同等重要的位置"的重要论述，将科普工作提升到一个新的高度。同年，国务院印发《"十三五"国家科技创新规划》，提出要"全面提升公民科学素质，加强科普基础设施建设，加快科学精神和创新文化的传播塑造，使公众能够更好地理解、掌握、运用和参与科技创新，进一步夯实创新发展的群众和社会基础"，将科普工作上升到国家战略建设高度，与构建和谐社会、建设创新型国家紧密联系在一起。科技部、中宣部印发《中国公民科学素质基准》，其中共有26条基准、132

个基准点,为公民提高自身科学素质提供了衡量尺度和指导。2021年修订印发的《中华人民共和国科学技术进步法》强调了"科学技术普及是全社会的共同责任"。2022年9月,中共中央办公厅、国务院办公厅印发的《关于新时代进一步加强科学技术普及工作的意见》,则是指导当前和今后一段时期科学技术普及工作的纲领性文件,从制度上统筹推进科学技术普及和科技创新工作。

交通成为中国式现代化的开路先锋。"十二五"以来,交通运输部以每年的科技活动周为抓手,依托部属科研单位和行业学(协)会,结合行业特点,在行业内组织开展科技创新成果宣传,开放公路、航海科普教育基地,举办交通科技大讲堂、主题展会、技术交流、优秀科普作品推介等形式多样的科普活动,取得了显著成效。2017年交通运输部与科技部签署《关于推动"科交协同"的合作协议》,明确提出"持续开展交通运输科普工作,推动在铁路、公路、水路、民航、邮政等领域建设一批国家交通运输科普基地,进一步提升交通运输科普工作成效"。2019年1月,交通运输部出台了《关于加强交通运输科学技术普及工作的指导意见》,从科普供给能力、科普基地建设、科普传播协作能力、科普精准惠民服务、科普国际交流合作五方面提出了重点任务。2020年7月,交通运输部和科技部联合印发了《国家交通运输科普基地管理办法》,通过两年一次的科普基地联合认定工作,引导全行业依托交通运输重大工程、综合交通枢纽设施、重点科研平台和交通科技场馆等资源,开展国家交通运输科普基地建设。2020年和2022年,交通运输部与科技部联合认定了两批30家国家交通运输科普基地。随着首批科普基地示范作用的发挥和后续批次科普基地的充实完善,科普基地将为交通运输各领域、各地方的科普工作打下坚实基础。

目前,交通运输行业的科研院所、高等院校、企业和学(协)会等单位积极开展科普基地建设,形成了一定规模,在行业科普工作中发挥了至关重要的作用。但是交通运输科普基地仍存在系统性不强、科普服务能力亟待提升、可持续发展能力不足等问题。本书从行业主管部门角度着手,深入分析科普基地的内涵和定位,全面调查分析交通运输科普基地建设现状和问题,研究提出交通运输科普基地建设思路,以各类交通运输科普基地建设为例,总结经验。本书的出版为推动交通运输科普基地发展、更好地服务于加快建设交通强国提供有力支撑。

作　者
2023 年

CONTENTS 目录

上篇　交通运输科普基地发展研究

第一章　科普基地内涵、政策与实践 ································· 3
第一节　科普基地有关概念 ···································· 3
第二节　科普基地研究现状 ···································· 8
第三节　我国科普基地有关政策 ································ 10
第四节　我国科普基地建设现状 ································ 13

第二章　交通运输科普基地政策与管理 ························· 22
第一节　交通运输科普政策、管理、对象和要素 ············· 22
第二节　交通运输科普基地管理 ································ 26

第三章　交通运输科普基地发展现状与问题 ·················· 32
第一节　交通运输科普基地基本情况 ························ 32
第二节　交通运输科普基地资源条件 ························ 42
第三节　交通运输科普活动开展情况 ························ 46
第四节　交通运输科普基地发展的主要问题 ················· 50

第四章　交通运输科普基地发展需求、思路与优化措施 ········· 52
第一节　交通运输科普基地发展需求分析 ··················· 52
第二节　交通运输科普基地建设思路 ························ 54
第三节　国家交通运输科普基地评价工作优化 ··············· 55

下篇　交通运输科普基地建设实践

第五章　科技场馆类交通运输科普基地建设 ·················· 61
第一节　中国航海博物馆 ···································· 61

第二节　中国铁道博物馆 ……………………………………………………… 69

第三节　桥梁博物馆 …………………………………………………………… 78

第六章　教育科研类交通运输科普基地建设 ………………………………… 85

第一节　大连海事大学校史馆及"育鲲"轮 ………………………………… 85

第二节　长安大学公路交通博物馆 ………………………………………… 94

第三节　交通运输部天津水运工程科学研究所大型水动力实验中心（临港基地） …… 102

第四节　北京交通大学交通运输科学馆 …………………………………… 110

第七章　生产设施类交通运输科普基地建设 ………………………………… 119

第一节　港珠澳大桥 ………………………………………………………… 119

第二节　道路绿色照明与安全防灾新材料试验室 ………………………… 126

第三节　天津中远海运航运服务有限公司游船码头 ……………………… 133

第八章　历史文化类和其他类交通运输科普基地建设 ……………………… 140

第一节　独库公路博物馆 …………………………………………………… 140

第二节　甘肃公路博物馆 …………………………………………………… 150

第三节　福建泉州海外交通史博物馆 ……………………………………… 158

第四节　人民交通出版社股份有限公司 …………………………………… 170

附件　国家交通运输科普基地管理办法 …………………………………… 183

参考文献 ………………………………………………………………………… 186

上篇

交通运输科普基地
发展研究

第一章

科普基地内涵、政策与实践

　　科普基地是科学技术普及工作重要的载体,是科普工作的重要组成部分,是为公众提供科普服务重要的平台,具有鲜明的公益性特征。要了解科普基地的有关概念和政策,先要了解科普的有关概念和政策,把科普基地放在科学技术普及的大概念中去理解。本章将系统阐述科普基地有关概念和研究现状、我国科普基地有关政策和建设现状等。

第一节　科普基地有关概念

一、科学素质

(一)科学素质的定义

1.科学素质概念的来源

　　早在20世纪50年代,美国哈佛大学柯南特和斯坦福大学赫德提出了"科学素质(Scientific Literacy)"的概念,即社会公众应具备的最基本的科学技术理解能力。这一概念在很大程度上主导了西方乃至世界范围的科学教育改革,并为后续设计"公众理解科学"的计划和运动提供了重要的概念工具。

2.科学素质的测度

　　20世纪70年代末期,美国学者米勒基于前人的研究,率先提出科学素质的三维测量模型,从对"科学知识的概念"的理解、"科学研究的过程"的理解以及"科学技术对个人和社会的影响"的理解三个维度测试公民的科学素质。随后,米勒与英国学者杜兰特等合作,在1988年开发出一整套考查成人对科学概念和科学研究过程理解程度的事实性科学知识量表(FSK),该套量表能够反映受访者的科学知识框架,随后在国际上被广泛采用。

3.科学素质的其他表述

　　除上述美国的研究外,还有以下几个代表性的表述:

（1）国际经济合作与发展组织（OECD）认为，科学素质是运用科学知识，确定问题和作出具有证据的结论，以便对自然世界和通过人类活动对自然世界的改变进行理解和作出决定的能力。

（2）国际学生科学素质测试大纲（PISA）中提出，科学素质的测试应该由科学基本观念、科学实践过程、科学场景三个方面组成，在测试范围上由科学知识、科学研究的过程和科学对社会的作用三个方面组成。

（3）欧盟国家科学素质调查的领导人约翰杜兰特认为，科学素质由理解基本科学观点、理解科学方法、理解科学研究机构的功能三部分组成。

同时，随着社会经济和科技创新的发展，人们对公民科学素质含义的理解和表述也将不断发生变化。

（二）我国公民科学素质

科学素质是国民素质的重要组成部分，是社会文明进步的基础。1978年3月召开的第一届全国科学大会提出了"积极开展科学普及工作，为提高全民族的科学文化水平做出贡献"，突出强调了科学普及工作对提高全民族科学文化水平的重要意义。2002年颁布的《中华人民共和国科学技术普及法》把"加强科学技术普及工作，提高公民的科学文化素质"作为立法的目的。

1. 中国公民科学素质抽样调查

为科学测度我国公民科学素质，1992年中国科学技术协会（简称中国科协）首次开展了我国公众科学素质抽样调查，包括理解科学知识水平、理解科学过程水平、理解科技对社会影响的水平三个方面，调查结果纳入了《中国科学技术指标》。1992—2020年间共开展了11次全国公众科学素质调查和分析，相关结果受到国际国内社会的普遍关注。

2020年开展的第11次中国公民科学素质抽样调查，包括知识和能力两个方面。知识方面包括内容性知识、程序性知识和认知性知识三个维度；能力方面包括日常生活、参与科学和科学决策三个维度。调查结果表明，我国公民具备科学素质的比例达到10.56%，比2015年提高了4.36个百分点，比2005年提高了8.96个百分点，比1992年提高了10.26个百分点。

2. 全民科学素质行动计划纲要

为努力提升我国公民科学素质，1999年，中国科协首次推出为期50年的《全民科学素质行动计划》，目标是到2049年，18岁以上的全体公民达到一定的科学素质标准。文件从科学概念及科学知识、科学精神和世界观、科学探究能力和技术动手能力三个方面来提出了具体指标要求。

2006年，国务院印发《全民科学素质行动计划纲要（2006—2010—2020年）》。文件中指出，公民科学素质一般指了解必要的科学技术知识，掌握基本的科学方法，树立科学思想，崇尚科学精神，并具有一定的应用它们处理实际问题、参与公共事务的能力。

2021年，国务院印发《全民科学素质行动规划纲要（2021—2035年）》，强调"公民具备科学素质是指崇尚科学精神，树立科学思想，掌握基本科学方法，了解必要科技知识，并具有应用其分析判断事物和解决实际问题的能力"。文件提出了我国公民科学素质建设的近期目标和远景目标,即"2025年目标:我国公民具备科学素质的比例超过15%,各地区、各人群科学素质发展不均衡明显改善";"2035年目标:我国公民具备科学素质的比例达到25%,城乡、区域科学素质发展差距显著缩小,为进入创新型国家前列奠定坚实社会基础"。

3. 中国公民科学素质基准

2016年,科技部和中宣部联合印发《中国公民科学素质基准》,建立起《全民科学素质行动计划纲要(2006—2010—2020年)》实施的监测指标体系,为公民提高自身科学素质提供衡量尺度和指导。该基准适用范围为18周岁以上具有行为能力的中华人民共和国公民,共有26条基准、132个基准点,基本涵盖公民需要具有的科学精神、掌握或了解的知识、具备的能力,每条基准下列出了相应的基准点,对基准进行了解释和说明。

二、科学技术普及

(一) 科学技术普及的定义

1994年,我国政府出台了第一个全面论述科学技术普及(简称科普)工作的官方文件——《关于加强科学技术普及工作的若干意见》,首次提出了科普的概念,认为科普应该包括科技知识、科学方法和科学思想三个方面的普及教育。2002年,国家颁布实施的《中华人民共和国科学技术普及法》,把科普的概念定义为:科普是国家和社会采用公众易于理解、接受和参与的方式,普及科学技术知识、倡导科学方法、传播科学思想、弘扬科学精神的活动。

在科普研究中,学者们还提出了科学传播的概念,认为科学传播比科普更广泛。科普属于科学传播,而科学传播又是传播学的一个重要分支,因此科普也是传播学的一部分,三者之间的关系如图1-1、表1-1所示。

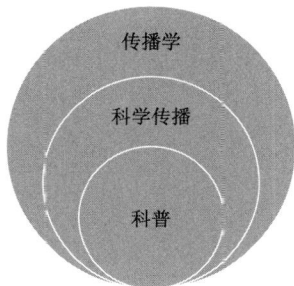

图1-1 科普、科学传播与传播学三者之间的关系

科普与科学传播 表1-1

对比项目	科 普	科 学 传 播
传播主体与受众	以科技人员和公众的交流为主	(1)科技人员之间的交流; (2)科技人员与公众之间的交流; (3)公众与公众之间的交流
传播方式	以浅显易懂的文字和图片为主	不限
使用语境	偏口语化	偏学术化

还有学者将科普分为传统科普和现代科普。传统科普是指通过一定的组织形式、传播渠道和手段,把公认正确的科学技术知识介绍给公众,以提高公众的科学知识水平和技术技能。现代科普则是把人类研究开发的科学知识、科学方法以及融于其中的科学思想和科学精神,有意识有组织地通过多种方法、多种途径传播到社会的方方面面,使之为公众所理解,用以开发智力、提高素质、培养人才、发展生产力,并使公众有能力参与科技政策的决策活动,促进社会的物质文明和精神文明建设。

(二)科普主体和受体

1.科普主体

科普主体指从事科普工作的单位、团体、组织和个人。传统的科普主体主要包括政府、科学技术协会及科技工作者,随着社会经济和科技发展,大学、科研机构、企业甚至社区等都参与到科普事业中来,历来作为科普手段和中介的媒体也正在调整角色而成为科普主体。科普主体具体包括科普工作的组织者(政府部门、科学技术协会)、科普内容的创作者(科技工作者、科普作者、科普作品翻译家、科技新闻记者等)、科普载体的生产者(出版社、媒体、视频制作者)、科普活动的实施者(大学、科研机构、企业、医院、社区等)以及科普研究者等。他们努力发挥自身在科普中的责任与义务,使公众获得相应的科普知识,促进科普事业发展。

2.科普受体

科普受体指科普的对象或受体。传统科普向现代科普转变的过程中,受体行为由被动变为主动参与,受体的主体意识增强,而互联网等新媒体的介入又加强了主体和受体间的互动性。根据《全民科学素质行动规划纲要(2021—2035年)》,我国科普工作的受体主要包括以下五类:青少年、农民、产业工人、老年人、领导干部和公务员。

(三)科普传播媒介

1.大众传媒科技传播

大众传媒科技传播通常指的是通过报纸、广播、电视、网络等大众媒体进行科技传播活动,是进行科普的重要工具、方式以及渠道,也是我国公众获取科技类信息的重要渠道之一。伴随着科技迅猛发展以及传媒技术水平逐渐提高,大众媒体展现出多元化以及专业化的特质,担当起良好的媒介作用。大众传媒科技传播按照传播媒介可分为语言声音类、图像类、文字类、音像类、实物模型类和新媒体类,它们均为我国公众理解科学提供了海量的科技信息。

2.科普基础设施

科普基础设施主要包括科技类博物馆、基层科普设施、数字科技馆以及其他具备科普展示教育功能的场馆,同时,流动科普设施和科普传媒机构也被认为是科普基础设施。作为国家科普能力建设的重要组成部分,科普基础设施既是面向广大公众开展科普工作的重要载体,也是面向青少年进行各种非正式教育的重要平台。通过科普基础设施,其他科普资源,采用易于理解、接受和参与的方式向公众传播、普及,得到充分展示。

三、科普基地

新时期新形势下,科普事业发展需要大力提升社会动员能力,更广范围、更大程度地调动各领域设施资源。发展科普基地,是加强科普基础设施建设和构建现代科普体系的重要举措。

(一)科普基地的内涵

目前,学术界对科普基地没有形成权威统一的定义,在国家层面也没有明确的界定,经梳理,主要有以下几种表述。

一是从字面理解。科普是科学技术普及的简称;基地在《现代汉语词典》中的释义为:作为某种事业基础的地区,如军事基地、工业基地等。因此,科普基地指发展科学技术普及事业的基础地区。

二是认为科普基地是得到政府部门或者科学技术协会认定的科普基础设施,作为各类科普资源发挥作用的载体存在。中国科协在《中国科普基础设施发展报告》中将科普教育基地定义为:依托现有的科普资源,为社会和公众提供科普产品、科普信息和科普作品展示等公共科普服务的科普平台和载体的总称。

三是北京市科学技术委员会在《北京市科普基地命名暂行办法》(2007年)中的定义:科普基地是开展社会性、群众性、经常性科普活动的有效平台,是弘扬科学精神、普及科学知识、传播科学思想和科学方法的重要载体,是科普事业的重要组成部分。

四是中国科协在《全国科普教育基地认定办法(试行)》(2009年)中的定义:科普教育基地主要是指依托教学、科研、生产和服务等机构,面向社会和公众开放,具有特定科学技术教育、传播与普及功能的场馆、设施或场所。

综上所述,本书认为科普基地的内涵是以提升公众科学素质为目标,依托教学、科研、生产和服务等科技科普资源,开展社会性、群众性、经常性科普活动,弘扬科学精神、普及科学知识、传播科学思想和科学方法,且得到政府部门或者科学技术协会认定的科普基础设施。科普基地在我国形式多样,有科技馆、科技活动中心、科普长廊、科普画廊以及科研院所和学校口的陈列馆、科研基地等。

(二)科普基地的特征

归纳来讲,我国科普基地主要具有公益性、社会性和经济性三个特征。

1. 公益性

科普基地的公益性是由科普工作的公益性所决定的。开展科普基地建设,建立科普工作长效机制,持续推动科普事业的发展,这是政府应履行的重要职责,也是各科普主体、科普基地需要承担的重要任务,其主要目的在于尽可能地服务社会大众,向他们传播科技知识,提高他们的科学素质和科学道德水平。大多数科普基地在向广大社会公众提供科普服务时采取免费或各种优惠的措施,并且积极开展各类科普活动,使科普覆盖到方方面面的人群,让更多的人接触科普、受惠于科普。

2. 社会性

《中华人民共和国科学技术普及法》明确指出了科普具有社会性,规定了社会各界在科普工作中的社会责任以及科普事业的组织管理、保障措施、法律责任等。2022年发布的《关于新时代进一步加强科学技术普及工作的意见》进一步强化了各级党委和政府、各行业主管部门、各级科学技术协会、各类学校和科研机构、企业、媒体、科技工作者和公众等全社会的科普职责。科普基地作为科普工作的重要载体,是各类主体积极开展科普工作的重要平台,需要依靠全社会的优势力量和可能资源来共同建设、运营和维护。

3.经济性

我国科普基地的建设和运营投入多以政府主导和部门推动为主,科普主体和运营模式相对较为单一,很多科普基地是向公众免费开放的,或者收取很少的门票费用,主要靠政府投入资金来维持运作。而政府的投入相对有限,众多科普基地往往面临资金短缺导致运作困难等问题,给科普基地的持续和壮大发展造成了很大的束缚。为了解决这种入不敷出的难题,科普基地在秉持科普公益性的同时,还需要另辟新径,创新科普服务项目和运营模式,逐步地、适度地实行多元化和市场化运作,即发现和挖掘科普的经济性,设法提高自身的经营性收入,并积极向企业、组织和社会借力,开辟更多的社会融资渠道,保证科普基地在资金上的良性循环。一些走在科普市场前沿的科普基地可以实现自足经营,且不影响科普公益性的发挥,实现科普基地公益性、社会性与经济性的和谐统一。

第二节　科普基地研究现状

最早的科普基地是指专门从事科普工作的场馆,如科技馆、青少年科学中心等,通过常设和短期展览,以激发科学兴趣、启迪科学观念为目的,用参与、体验、互动性的展品及辅助性展示手段,对公众进行科学技术普及教育。因此,目前对科普基地的研究更多地是围绕科技馆和科学中心展开。

一、国内研究现状

在科普基地的定位方面,早先的主流观点认为,科技馆或科学中心作为非营利性公益单位,其最主要的目的是向整个社会传播科学文化知识,提高民众的科学文化素养和综合能力。陈四敏、方家增在《科技馆的运营与发展》中说到,科技馆营销的最终目的不是经济效益,而是促进社会效益的最大化,通过对科技馆的经营产生经济效益,又将它合理地投入到发展中去,并提到始终要把社会效益放在第一位,坚持以人为本,为公众提供更好的科普服务。其实坚持科技馆的公益性,并不是说就要否定其市场化运作。《中华人民共和国科学技术普及法》里就明确规定:"社会力量兴办科普事业可以按照市场机制运行"。这也为我国科技馆可持续发展指引了一个方向。张杰在《新时期我国科技馆发展对策研究——以江西科技馆为例》中提到,科技馆作为现代意义的综合性公益科普机构,它的运营模式不必仅仅局限于现有的公办模式,完全可以有条件地引入市场化运作模式,只是需要在政府的扶持和政策的导向下进行,并接受社会的监督,有条件有步骤地尝试市场化运作。李士在《科学中心与科普教育基地建设与发展研究》书中阐述了科学中心与科普教育基地的概念与内涵、功能与定位、运营与现状及面临的机遇与挑战。苏杨在《中国公益机构的现状分析及其改革思路》中提出,未来中国公益机构的发展方向可以描述为追求三个最大限度目标:一是最大限度地改善公共物品的供给;二是最大限度地调集社会资源参与;三是最大限度地提高这一领域各类资金的使用效率,与此目标相对应,应在公益目标、投入机制、服务体系、监督体制、治理结构、运行效率等六方面都有相应改革举措,以实现两个相称,即公益性与管理单位体制相称、财权与事权相称。

在科普基地的运营方面,袁亚平在《科技馆运行模式初探》中提到,科技馆科学管理的首要问题是创新管理机制,建立健全一个既有实体内容,又有程序引导的机制体系。这个体系应当包括岗位职责、目标任务、绩效考核、表彰奖励等实体性内容,并辅之以流程规范、督察推进等程序性内容,以程序指引实体、监控实体、推进实体。陈四敏、方家增在《科技馆的运营与发展》中提到,各国科技馆日常运行经费通常来自政府拨款、社会赞助和自营收入3个方面,大致各占1/3。王渝生认为,公益性事业单位与市场化并不冲突,不以营利为目的的事业单位性质不应成为阻碍博物馆发展的绊脚石。顾海、李佳佳在《公共科技场馆运行机制探讨——基于市场经济视角》中提出,在市场经济环境下,科技馆要实现社会效益和生存价值,必须顺应市场经济规律,在保障科技馆公益性的同时,适当引进和借鉴现代企业的经营观念和管理模式。

二、国外研究现状

科技馆和科学中心的出现是世界科学教育从"精英讲授"向"平民参与"转变的风向标,在科学知识和科学精神推广方面发挥了重要作用。各个地区的场馆在名称上或许有所不同,但其本质和功能是相同的,在欧洲称为科学中心,在美国称为科学博物馆,在日本称为未来馆,都指科普基地。

皮埃特罗格列柯在《知识型社会的科技馆》中通过提问"科技馆在当今社会扮演了一个什么样的角色"来阐述科技馆的重要作用,即培养了大批创新型人才、提高了民众的科学素养、促进了经济发展、推动了社会进步,并阐述了新时代科技与社会的关系。菲奥娜卡梅隆在《重大分歧和知识转移:当代社会科技馆的角色》中也论述了当代社会科技馆在知识推广与促进方面的重要作用。美国《国家科学教育标准》中对科学教育的目标做出了界定,即培养学生能由于对自然界有所了解和认识而产生充实感和兴奋感;在进行个人决策时能恰当地运用科学的方法和原理,以提高社会的经济生产效率等。联合国教科文组织的研究资料也表明,劳动者的科学文化素质与他的劳动生产率成正比。以某国文盲的劳动生产率为基准,小学毕业劳动者的生产率可以提高439%,中学毕业劳动者可以提高108%,大学毕业的劳动者可以提高300%。这些研究也都证明了科学文化素质的在推动社会生产力、促进社会发展中的重要作用。

国际公认的科学素质研究学者中,美国芝加哥科学院副院长、公众科学素质研究中心主任乔思米勒的影响力最大。他不仅提出了对科学素质的多维度定义,而且也提出了一套实际可操作的测量方法。米勒模式已逐渐被国际社会认同,并成为各国比较和测定公众科学素质的基本参照标准。印度学者纳蓝德赛嘉儿在《提高科学文化素养》中也指出全民基础科学是对每个人的最低要求。由此,众多国家都已意识到科学素质教育的重要性及其对国家和社会的意义。

美国在20世纪80年代就意识到国民科学素质的发展滞后与飞速发展的科学技术间的矛盾日益凸显。1985年,美国科普专家们制定了著名的《2061年计划》,旨在全面提高全美国民的科学素质,以适应科学技术的飞速发展和社会的进步。同年,英国皇家学会的报告《公众理解科学》中认为所有有自尊的国民都应该具有科学素养,并把这当成一个基本要求。艾伦和亨里克森等学者的《博物馆对科学素养的贡献》也阐述了科技馆科普教育在对提高全民科学素养上起到的作用,体现在文化、民主和经济等方面。

第三节　我国科普基地有关政策

一、科普政策法规

改革开放以来,国家陆续发布了多项科普政策,如图 1-2 所示,主要分为三个阶段。

图 1-2　改革开放以来国家科普政策一览

1. 第一阶段(1978—1993 年)

党和政府日益重视科技创新和科学技术普及,重视全民科学素质提升,在国家法律层面鼓励推动普及科学技术知识。

1978 年召开的第一届全国科学大会首次提出了"科学技术是生产力"的观点,要求"积极开展科学普及工作,为提高全民族的科学文化水平做出贡献",明确了科学普及工作和全民族科学文化水平的关系,突出了科普工作的重要意义。

1982 年颁布的《中华人民共和国宪法》第二十条明确提出"国家发展自然科学和社会科学事业,普及科学和技术知识,奖励科学研究成果和技术发明创造",确立了科普在国家根本大法中的地位。

1993 年颁布的《中华人民共和国科学技术进步法》第六条明确提出"国家普及科学技术知识,提高全体公民的科学文化水平",确立了科普在国家科技进步中的地位,鼓励机关、企业事业组织、社会团体和公民参与和支持科学技术进步活动。

2. 第二阶段(1994—2015 年)

国家陆续建立起以科普法为核心的政策法规体系,科普工作走上了规范化和法制化的道路。

1994 年发布的《关于加强科学技术普及工作的若干意见》,是我国针对科普工作的第一个全面规范性文件,指出了"提高全民科学文化素质,引导广大干部和人民群众掌握科学知识、应用科学方法、学会科学思维、战胜迷信、愚昧和贫穷,为我国社会主义现代化事业奠定坚实基础,是当前和今后一个时期科普工作的重要任务"。

1999年发布的《2000—2005年科学技术普及工作纲要》,明确2000—2005年我国科普工作的主要目标和任务,为科教兴国战略、可持续发展战略的实施和社会稳定提供高素质的人力资源保障和科学、健康、文明的人文基础。

2002年颁布的《中华人民共和国科学技术普及法》,是我国第一部关于科普的法律,也是世界上第一部科普法,为加强公民科学素质建设提供法制保障。

2006年国务院印发的《全民科学素质行动计划纲要(2006—2010—2020年)》,标志着我国提升公民科学素质的工作纳入了国家层面,开始了政府主导、全民参与的新时代。

2007年科技部等8部门联合下发《关于加强国家科普能力建设的若干意见》,指出加强国家科普能力建设是建设创新型国家的一项重大战略任务,并提出了"十一五"期间加强国家科普能力建设的主要任务和保障措施。

2007年修订的《中华人民共和国科学技术进步法》提出,科学技术普及被增列入财政性科学技术资金的投入事项。

3. 第三阶段(2016年至今)

国家把科普置于与科技创新同等重要的位置,科普工作进入新发展阶段。

2016年5月30日,习近平总书记在全国科技创新大会、两院院士大会、中国科协第九次全国代表大会上提出:"科技创新、科学普及是实现创新发展的两翼,要把科学普及放在与科技创新同等重要的位置。没有全民科学素质普遍提高,就难以建立起宏大的高素质创新大军,难以实现科技成果快速转化。"这一重要指示精神是新发展阶段科普和科学素质建设高质量发展的根本遵循。

2017年科技部和中宣部制定的《"十三五"国家科普与创新文化建设规划》,是国家在科普和创新文化建设领域的专项规划,明确了"十三五"时期科普和创新文化建设的指导思想、发展目标、重点任务和主要措施。

2021年国务院印发的《全民科学素质行动规划纲要(2021—2035年)》提出,通过实施科技资源科普化、科普信息化提升、科普基础设施、基层科普能力提升、科学素质国际交流合作5项重点工程,有效促进全民科学素质提升。

2021年12月修订印发的《中华人民共和国科学技术进步法》第十二条提出:国家发展科学技术普及事业,普及科学技术知识,加强科学技术普及基础设施和能力建设,提高全体公民特别是青少年的科学文化素质。同时,强调了科学技术普及是全社会的共同责任。国家建立健全科学技术普及激励机制,鼓励科学技术研究开发机构、高等学校、企业事业单位、社会组织、科学技术人员等积极参与和支持科学技术普及活动。

2022年9月,中共中央办公厅、国务院办公厅印发了《关于新时代进一步加强科学技术普及工作的意见》,这是指导当前和今后一段时期科学技术普及工作的纲领性文件,从制度上统筹推进科学技术普及和科技创新工作。

二、科普基地有关政策

(一) 总体政策要求

《2000—2005 年科学技术普及工作纲要》(1999 年) 提出制定和实施"科普网络建设行动计划",要求有条件的大城市办好一批高水平的专用科普场馆,大部分中小城市和县乡建立常设科普活动中心,发展一批以科研机构、高等学校、大型企业、高新技术产业开发区为依托的科普宣传基地,形成延伸到城市社区和乡村、覆盖全国的社会化科普教育网络。进一步规范和完善青少年科技教育基地建设,支持中小学生的校外科技活动。到 2005 年在全国范围内重点办好一批以科研机构、高等学校为依托的科普示范基地。

《中华人民共和国科学技术普及法》(2002 年) 要求,省、自治区、直辖市人民政府和其他有条件的地方人民政府,应当将科普场馆、设施建设纳入城乡建设规划和基本建设计划;对现有科普场馆、设施应当加强利用、维修和改造。尚无条件建立科普场馆的地方,可以利用现有的科技、教育、文化等设施开展科普活动,并设立科普画廊、橱窗等。

《关于加强国家科普能力建设的若干意见》(2007 年) 提出加强国家科普基地建设。在现有科技类场馆、专业科普机构以及向社会开放的科研机构和大学中,开展国家科普基地建设试点,在提高展示能力、创新能力和管理水平等方面发挥示范和带动作用。这是我国首次提出了国家科普基地建设的概念。

《中华人民共和国科学技术进步法》(2007 年修订) 要求,鼓励企业结合技术创新和职工技能培训,开展科学技术普及活动,设立向公众开放的普及科学技术的场馆或者设施。科学技术研究开发机构,有条件的,应当向公众开放普及科学技术的场馆或者设施,开展科学技术普及活动。

《"十三五"国家科技创新规划》提出,加强科普基础设施的系统布局,推进国家科普示范基地和国家特色科普基地建设,提升科普基础设施服务能力,实现科普公共服务均衡发展。进一步建立完善以实体科技馆为基础,科普大篷车、流动科技馆、学校科技馆、数字科技馆为延伸,辐射基层科普设施的中国特色现代科技馆体系。加强基层科普设施建设,因地制宜建设一批具备科技教育、培训、展示等多功能的开放性、群众性科普活动场所和科普设施。提高各级各类科普基地的服务能力和水平,提高中小科技场馆的科普业务水平。研究制定科普基础设施标准和评估体系,加强运行和服务监测评估。推动中西部地区和地市级科普基础设施建设。

《"十三五"国家科普与创新文化建设规划》提出,完善国家科普基础设施体系,大力推进科普信息化,实施科普基础设施建设工程,依托现有资源,因地制宜建设一批国家科普示范基地和国家特色科普基地,充实拓展专业特色科普场馆和基层科普基础设施,提高科普基地的教育、服务能力和水平,支持和推动有条件的科研机构、科研设施、高等学校和企业向公众开放,开展科普活动,提高科普基本服务能力和水平,建立国家科普基地评估评价机制和指标体系。

《全民科学素质行动规划纲要(2021—2035 年)》提出,大力加强科普基地建设。深化全国科普教育基地创建活动,鼓励和支持各行业各部门建立科普教育、研学等基地。推进图书馆、文化馆、博物馆以及公园、自然保护区、风景名胜区、机场、车站、电影院等公共设施和场所拓展科普服务功能。

《关于新时代进一步加强科学技术普及工作的意见》(2022年)提出,要完善科普基础设施布局,促进全国科普基础设施均衡发展,鼓励建设具有地域、产业、学科等特色的科普基地。支持和鼓励多元主体参与科技馆等科普基础设施建设,加强科普基础设施、科普产品及服务规范管理。发挥重要科技基础设施、综合观测站等在科普中的重要作用。

(二)专项政策要求

2003年,中国科协联合国家发展改革委、科技部、财政部、建设部五部委印发了《关于加强科技馆等科普设施建设的若干意见》,这是第一个指导我国科技馆等科普设施建设的文件。虽然重点是针对科技馆,但其中的科普设施也涵盖了自然博物馆、天文馆、青少年科技活动中心(站)、社区科普工作室(站)、科普画廊(橱窗)、科普宣传车等类型以及科普基地。

2008年,中国科协联合国家发展改革委、科技部、财政部印发了《科普基础设施发展规划(2008—2010—2015年)》,明确科普设施的发展目标、功能定位、分布、规模和建设方式等,加强对各类科普基础设施建设的规范和指导。这里的科普基础设施包括科技类博物馆、基层科普设施、数字科技馆以及其他具备科普展示教育功能的场馆。

第四节 我国科普基地建设现状

一、科普基地管理与架构

(一)科普及科普基地管理

《关于加强科学技术普及工作的若干意见》(1994年)明确了全国的科普工作由国家科委牵头负责、制定计划、部署工作、督促检查、实行政策引导。同时,建立由国家科委牵头、各有关部门参加的联席会议制度,统筹协调和组织全国的科普工作。中国科协以及其他各群众团体、学术组织都要继续发挥主动性,大力开展日常性、群众性的科普活动。

《中华人民共和国科学技术普及法》(2002年)进一步明确了科普工作的组织管理,由各级人民政府领导,纳入国民经济和社会发展计划,并建立科普工作协调制度。科技部负责制定全国科普工作规划,实行政策引导,进行督促检查,推动科普工作发展。国务院其他行政部门按照各自的职责范围,负责有关的科普工作。地方科技行政部门及其他行政部门在同级人民政府领导下按照各自的职责范围,负责本地区有关的科普工作。科学技术协会是科普工作的主要社会力量,组织开展群众性、社会性、经常性的科普活动,支持有关社会组织和企事业单位开展科普活动,协助政府制定科普工作规划,为政府科普工作决策提供建议。

根据《科普基础设施发展规划(2008—2010—2015年)》的组织实施要求,国家发展改革委、科技部、财政部和中国科协负责协调和推动落实,相关部门结合本部门的职能制定工作规划和计划并加以落实。各级地方政府要将科普基础设施建设纳入国民经济和社会事业发展总体规划,落实建设和运行经费。充分发挥各有关学会、协会和研究会等社会团体的作用,加强对各类科普基础设施建设与运行的咨询和指导。

《关于新时代进一步加强科学技术普及工作的意见》(2022年)强化全社会的科普责任,明确6个关键部门责任要求。各级党委和政府要履行科普工作领导责任,把科普工作纳入国民经济和社会发展规划、列入重要议事日程,与科技创新协同部署推进;各行业主管部门履行科普行政管理责任,各级科学技术行政部门要强化统筹协调,加强科普规划和督促检查;各级科学技术协会要发挥科普工作主要社会力量作用,强化科普工作职能,提供科普决策咨询服务;各类学校和科研机构要强化科普工作责任意识,发挥自身优势,加大科普资源供给;企业要履行科普责任,促进科普工作与科技研发、产品推广、创新创业、技能培训等有机结合;各类媒体要发挥传播渠道重要作用,主流媒体要发挥示范引领作用,新兴媒体要加强对科普作品的科学性审核。

(二)科普基地框架体系

随着科普事业的迅速发展,我国科普基地框架体系初步形成,大致可以分为两大体系,如图1-3所示。

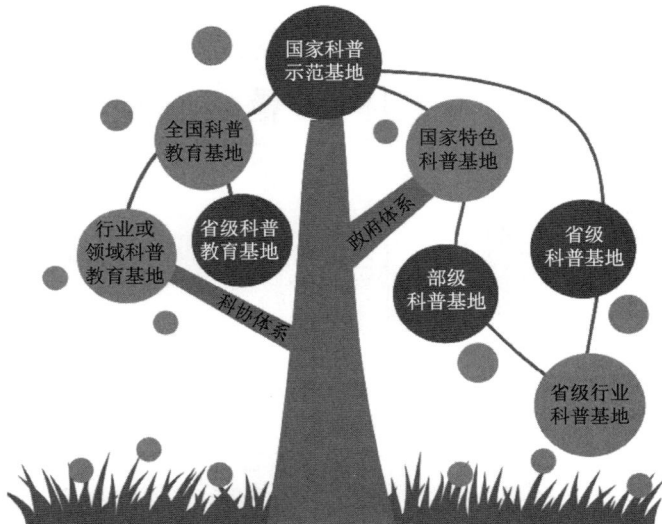

图1-3　我国科普基地框架体系

一是由中国科协及其下属和会员单位认定的科普教育基地,包括:①中国科协认定的全国科普教育基地;②省级科协认定的省级科普教育基地,如湖北省科学技术协会认定的湖北省科普教育基地;③全国学会、协会、研究会等认定的行业或领域科普教育基地,如中国公路学会认定的全国公路科普教育基地。

二是由科技部、国务院其他行政部门、地方科技行政部门及其他行政部门认定的科普基地,包括:①科技部认定的国家科普示范基地,目前只有"中国天眼"(FAST)一家;②科技部与国务院有关行政部门共同认定的国家特色科普基地,如国家生态环境科普基地、国家交通运输科普基地;③国务院行政部门认定的部级科普基地,如中国地震局认定的国家防震减灾科普教育基地;④省科技厅认定的省级科普基地,如四川省科技厅认定的四川省省级科普基地;⑤省科技厅和其他行政部门共同认定的省级行业科普基地,如山东省交通运输科普基地。

其中,国家科普示范基地、国家特色特普基地和全国科普教育基地属于国家级科普基地,介绍如下。

二、国家级科普基地

(一)国家科普示范基地

根据《"十三五"国家科技创新规划》中推进国家科普示范基地建设的有关要求,由贵州省人民政府提出申请,科技部于 2016 年 9 月批复同意,依托国家重大科技基础设施建设项目——500 米口径球面射电望远镜(Five hundred meters Aperture Spherical Telescope,FAST)建设国家科普示范基地。这是我国目前唯一获批建设的国家科普示范基地,也是我国最高层次的科普基地,如图 1-4 所示。

图 1-4　贵州 500 米口径球面射电望远镜

FAST 又被誉为"中国天眼",因为它能够从地球上一直"看"到宇宙深处,甚至探测到宇宙形成初期的微弱信息。这是目前世界上最大、最灵敏的单口径射电望远镜,是人类直接观测遥远星系的行星、寻找类似太阳系或地球的宇宙环境以及潜在智慧生命的重要设施,其科学目标主要是巡视宇宙中的中性氢、发现新脉冲星、主导国际甚长基线网、探测星际分子、寻找地外文明等。该项目的建设使我国形成具有国际先进水平的天文观测与研究平台,为我国开展暗物质和暗能量本质、宇宙起源和演化、太空生命起源和寻找地外文明等研究活动提供重要支持,同时填补美国、西班牙和澳大利亚三个深层空间跟踪站在经度分布上的空白。

FAST 位于贵州省黔南布依族苗族自治州平塘县,由中国科学院国家天文台主导建设,采用我国独创的设计,利用贵州天然的喀斯特漏斗洼地和零污染的无线电环境作为台址;在洼地内铺设 4450 块反射面单元组成球冠状主动反射面,外形像一口巨大的锅,接收面积相当于 30 个标准足球场;采用轻型索拖动机构和并联机器人,实现望远镜接收机的高精度定位。全新的设计思路加之得天独厚的台址优势,突破了望远镜的百米工程极限,开创了建造巨型射电望远镜的新模式。

为更好发挥 FAST 作为国家科普示范基地的作用,主创团队在 FAST 旁边建设了天文体验馆,积极开展天文科普活动和国际交流活动。在天文体验馆中,建有序厅、射电天文厅、儿童天文乐园及两个天文知识科普展厅,并涵盖临展、活动和科学长廊等辅助空间,同时建有15米直径球形天象厅,以兼顾专业性与趣味性的方式,向参观者生动描绘射电天文的发展历史,介绍射电望远镜的家族成员,科普天眼FAST及天文学常识。各展厅采用多媒体球面成像技术复合多点触控技术,将所有知识点用多媒体覆盖。时尚且空间代入感极强,部分区域内容设置活泼多变,形式上强调互动、感受,三维(3D)及虚拟现实(VR)技术、体感互动技术全面铺开,将天文学知识有机地融入体验中。

后续,科技部将加强对国家科普示范基地FAST建设运行的指导和服务,建立动态评估管理机制,为推进国家科普示范基地建设探索模式、积累经验、打造样板。

(二)国家特色科普基地

根据《"十三五"国家科技创新规划》中"推进国家特色科普基地建设"的有关要求,自2018年开始,科技部充分发挥各行业部门优势,根据其自身特点和资源,联合有关部委或单位,依托大科学工程、大科学装置、国家(重点)实验室、重大科研试验场所等现有国家高端科技资源以及部门、地方和企业带动性、示范性强的科普场所,选择条件成熟的建立国家特色科普基地,作为国家级科普基地的重要组成部分。

截至目前,中国科学院、生态环境部、中国气象局、交通运输部、国家林业和草原局、国家体育总局、自然资源部等7个部门已与科技部联合启动了国家特色科普基地认定工作,研究制定各自的科普基地管理办法,规定了科普基地的主要任务、认定条件、认定程序和管理要求等内容,并依据管理办法分批次、分年度开展了相应的认定工作,见表1-2。国家特色科普基地面向社会公众、青少年、领导干部或特定群体开展更为广泛的、各具特色的科普活动,在科技教育与科普服务中的示范、带动作用更为显著。

国家特色科普基地认定工作情况 表1-2

序号	基地名称	联合部门	文件依据	主要任务	工作部门
1	国家科研科普基地	中国科学院	国家科研科普基地管理办法(试行)(2018年2月)	弘扬科学精神、普及科学知识、传播科学思想、倡导科学方法	中国科学院科学传播局
2	国家生态环境科普基地	生态环境部	国家生态环境科普基地管理办法(2019年6月)	普及生态环境科技知识、宣传生态文明建设成就、提高全民生态与科学文化素质	中国环境科学学会
3	国家气象科普基地	中国气象局	国家气象科普基地管理办法(2019年12月)	提升全社会防灾减灾综合能力和公众科学文化素质	中国气象学会
4	国家交通运输科普基地	交通运输部	国家交通运输科普基地管理办法(2020年7月)	普及交通运输科技知识,宣传交通运输发展,现代化交通理念及先进交通文化	交通运输部科学研究院
5	国家林草科普基地	国家林业和草原局	国家林草科普基地管理办法(2021年6月)	传播林草科学知识和生态文化,宣传林草生态治理成果和美丽中国建设成就	国家林业和草原局科学技术司

续上表

序号	基地名称	联合部门	文件依据	主要任务	工作部门
6	国家体育科普基地	国家体育总局	国家体育科普基地管理办法（2021年9月）	普及体育科技知识，宣传体育科技成就，推广科学健身知识，提高全民健康素养	中国地质博物馆
7	国家自然资源科普基地	自然资源部	国家自然资源科普基地管理办法（试行）（2021年12月23日）	展示自然资源科技成果，普及地球科学知识，传播生态文明理念，倡导树立节约资源、人与自然和谐共生意识	科技部科技评估中心

（三）全国科普教育基地

全国科普教育基地是由中国科协认定的，依托教学、科研、生产、传媒和服务等资源载体，面向社会和公众开放，具有特定科学技术教育、传播与普及功能的场馆、设施或场所。

1999年，中国科协首次启动了全国科普教育基地认定工作，分别于1999年和2004年命名了首批201家和第二批81家全国科普教育基地。

2009年，中国科协为规范全国科普教育基地的申报认定和项目管理，颁布实施《全国科普教育基地认定办法（试行）》，确定有效期为5年，依据此办法分别于2009年和2010年重新命名2010—2014年第一批406家和第二批243家全国科普教育基地，随后于2012年继续命名2012—2016年397家全国科普教育基地。

2014年，为了加强全国科普教育基地建设，适应科普教育基地发展和变化的需要，中国科协在原认定办法的基础上，征集社会各界的建议，制定《全国科普教育基地认定与管理试行办法》。2015年，依据新的认定办法，认定了2015—2019年691家全国科普教育基地。

2021年，为贯彻落实《全民科学素质行动规划纲要（2021—2035年）》，中国科协制定《全国科普教育基地创建与认定管理办法》，重启全国科普教育基地认定工作。全国科普教育基地每五年认定一批。其间视创建情况，进行补充认定。2022年4月，根据新办法认定了800个单位为2021—2025年度第一批全国科普教育基地，有效期至2025年。

根据最新的《全国科普教育基地创建与认定管理办法》（以下简称《办法》），全国科普教育基地的申报要求如下。

1. 申报对象和条件

凡符合《中华人民共和国科学技术普及法》规定负有科普义务的单位、自愿为社会和公众提供科普服务，且具备相应工作条件，科普工作成效显著，具有示范带动作用，可申报全国科普教育基地。全民科学素质纲要实施工作办公室成员单位负责组织推荐本单位系统内所管理的单位，全国学会（协会、研究会）负责组织推荐本学会专业领域内的单位，省（自治区、直辖市）科学技术协会负责组织推荐本地区的单位。

2. 申报认定程序

（1）推荐。申请全国科普教育基地认定的单位或机构可选择相应推荐单位中的一家提交申请，经推荐单位审核推荐后方可参评全国科普教育基地。各推荐单位负责按照推荐名额和

《办法》所附认定申请条件对申请单位进行遴选推荐。

（2）初评。中国科协依据《办法》对被推荐的申请单位（机构）情况进行初评和实地抽检。

（3）终评。中国科协组建全国科普教育基地认定专家委员会，按照《办法》评议确定全国科普教育基地认定建议名单。

（4）公示和命名。建议名单经公示无异议后，由中国科协予以认定命名2021—2025年度全国科普教育基地，颁发证书和牌匾。

3. 认定基本条件

（1）提供公共科普服务的法人单位，或以法人单位为依托的内设（下属）机构。

（2）具有明确的科普服务宗旨、开放服务和安全管理等制度。

（3）具备开展科普公共服务的室内外场所条件，积极开展青少年科技教育等形式多样的科普服务，大力弘扬科学精神和科学家精神，培育公众创新思维和能力，积极营造热爱科学、崇尚创新的社会氛围。

（4）每年全国科普日、全国科技活动周、全国科技工作者日等重要主题日期间举办主题科普活动。

（5）通过网络媒体平台向公众公布开放信息、科普教育活动信息、展教资源更新情况等公共科普服务信息。

（6）有稳定的科普经费投入或专项科普经费，专兼职科普人员科普教育工作成效纳入本单位个人绩效考评或表彰奖励范围。

（7）开展科技志愿服务活动。

（8）原则上已持续提供科普公共服务满三年。

4. 考核管理

中国科协组织对全国科普教育基地开展终期考核，终期考核结果分为"优秀""合格""不合格"三个等级，"优秀"比例原则上不超过20%，考核结果向社会公布。终期考核结果为"优秀"的基地，经相关程序可直接认定为下一批次全国科普教育基地，终期考核结果为"合格"的基地，可直接进入下一批次全国科普教育基地申请认定的终评程序，终期考核结果为"不合格"的基地，不得参与下一批次全国科普教育基地认定申请。

三、国家级科普基地的主要分类

（一）全国科普教育基地的分类

中国科协组织认定的全国科普教育基地是面向全国所有专业领域的具有科普功能的场馆、设施或场所。

在2009年首次发布的《全国科普教育基地认定办法（试行）》中，全国科普教育基地分为以下五类：科技、文化、教育类场馆，社会公共场所，科研机构和大学，企业、农村开放设施，其他。

随着科普工作者对科普教育基地认识的不断深入，2014年，全国科普教育基地虽然还是五类,但对具体分类和内涵进行了调整,分为了科技场馆类、公共场所类、教育科研类、生产设施类、信息传媒类。可以看到,随着网络媒体的发展,信息传媒机构被单独列为了一类。

经过二十多年科普教育基地建设的探索和实践,2021年,面对新时期科普工作的新要求,中国科协进一步优化了科普教育基地的分类,改分为六类,即科技场馆类、教育科研与重大工程类、"三农"类、企业类、自然资源类、其他类。企业类对应原生产设施类;自然资源类近似对应原公共场所类;新增了"三农"类,突出了科普工作在服务农业、农村发展、提高农民科学素质方面的作用;同时,随着网络媒体与社会经济各领域的高度融合,不再将信息传媒机构单独分类。中国科协对全国科普教育基地的分类情况如表1-3所示。

中国科协对全国科普教育基地的分类

表1-3

年份	办　　法	科普教育基地分类
2009	全国科普教育基地认定办法(试行)	(1)科技、文化、教育类场馆,如科技馆、文化馆、青少年宫等; (2)具有科普展教功能的自然、历史、旅游等社会公共场所,如动植物园、海洋公园、地质公园、森林公园、自然保护区等; (3)科研机构和大学面向公众开放的实验室、陈列室或科研中心、天文台、气象台、野外观测站等; (4)企业、农村等面向公众开放的生产设施(或流程)、科技园区、展览馆等; (5)其他向公众开放的具备科普展教功能的机构、场所或设施等
2014	全国科普教育基地认定与管理试行办法	(1)科技场馆类:专门面向公众普及科学知识,弘扬科学精神的科技、文化、教育类场馆,分为综合性科技馆和专业科技场馆; (2)公共场所类:具有科普展教功能的自然、历史、旅游、休憩等公共场所; (3)教育科研类:依托各类教育和科研机构,面向社会和公众开放,具有特定科学传播与普及功能的场馆、设施或场所; (4)生产设施类:企业面向公众普及科学知识的场馆、设施或场所; (5)信息传媒类:以网络、电子、印刷品等为载体,面向公众普及科学知识的机构
2021	全国科普教育基地创建与认定管理办法	(1)科技场馆类:专门建设用于面向社会和公众开展科学技术普及活动、科技文化教育与传播的公共场所; (2)教育科研与重大工程类:依托国家科技资源、科技成果面向社会和公众提供科普服务的教育、科研机构、大科学装置、重大工程以及医疗机构的场所和设施; (3)"三农"类:依托先进农业技术和成果、农业教育科研设施、农业试验示范基地等服务农业、农村发展、提高农民科学素质的科普场所; (4)企业类:企业依托科技成果、研发资源、生产设施、产品等面向社会和公众提供科普服务的场所; (5)自然资源类:利用动植物、生态、地质地貌等自然资源面向社会和公众提供科普服务的园区和场所; (6)其他类:利用人文、历史、艺术等资源面向社会和公众提供科普服务的公共场所

(二)国家特色科普基地的分类

在国家特色科普基地的申报认定过程中,大部分科普基地设计了适合本行业或本部门特点的基地分类。具体分类情况如表1-4所示。

国家特色科普基地的分类   表 1-4

序号	基 地 名 称	科普基地分类
1	国家科研科普基地	(1)科学教育类:为青少年学生、科技教师、公务员及其他社会公众提供学习科学技术知识、开展科普活动的平台; (2)科普产品研发类:专门从事展品、图书、视频、教具等科普产品研究开发的平台; (3)科普传媒类:以电子媒介(包括视频、录音、录像等)、印刷媒介(报纸、杂志、书籍)等为载体,并通过广播、电视、网络等形式进行科普宣传的平台
2	国家生态环境科普基地	(1)场馆类:具有生态环境特色的科普场馆,如博物馆、科技馆等; (2)自然保护地类:各类自然资源保护场地,如国家公园、自然保护区、森林公园、湿地公园、风景名胜区等; (3)企业类:从事污水、废气、土壤、固体废物等处理处置的污染治理型企业和践行绿色发展,从事清洁生产、循环经济的环境友好型企业; (4)产业园区类:体现生态环境友好的各行业产业园区,如物流园区、科技园区、文化创意园区、工业园区、生态农业园区等; (5)科研院所类:从事生态环境科学研究或生态环境友好型科学研究的科研机构、高等院校、环境监测站(中心)等单位; (6)教育培训类:具有生态环境科普和教育特色,主要针对青少年的培训学校、实践科普基地等单位
3	国家气象科普基地	无
4	国家交通运输科普基地	(1)科技场馆类:展览馆、科技馆等展示宣传交通运输领域科技知识及优秀成果的场馆、场所; (2)教育科研类:依托科研院所、高等院校、特色职业院校和交通企业,从事交通运输科学研究的行业重点科研平台等,以及交通运输教育培训机构; (3)生产设施类:企事业单位面向公众开展行业特色科普活动的设施,包括大型桥隧、码头场站、特色服务区、公务船舶、交通运行指挥中心等场所; (4)历史文化类:展示内容包含交通运输发展历史,具有唯一性或独特历史文化内涵的场馆、设施或场所,如灯塔、古道等; (5)其他类:包括但不限于出版、媒体机构等
5	国家林草科普基地	无
6	国家体育科普基地	包括场馆、企业、科研院所、教育机构等类别
7	国家自然资源科普基地	(1)科普场馆类:以展示、宣传自然资源领域科学技术知识及优秀成果、自然资源先进管理理念等为主要内容的博物馆、科技馆等科普场所; (2)自然资源场景类:具有室外自然资源科普资源和条件,展现国土空间、土地整治、海洋生态、地质地貌、自然遗迹等相关的景观实体、示范区等; (3)科学研究类:有条件向社会公众普及自然资源科学知识与方法、展示科技成果、弘扬科学精神的自然资源领域相关科研院所、高校、企业等,以及重点实验室、野外科学观测研究站等科技创新平台

可以看到,教育科研类是各种国家特色科普基地所共同拥有的一大类,科研单位、高等院校和职业学校等单位的授课教师、科研人员、重点实验室、大型科研设备以及先进科技成果等,都是开展科普活动的重要载体和媒介,这些单位具有得天独厚的科普土壤。科技馆、博物馆、展览馆等科技场馆类也是大部分国家特色科普基地中的重要一类,它们充分利用独特的环境资源和实物展品,为参观者提供亲身体验和主动参与的学习机会,是学校教育的有效补充,这

种课外教育是非义务的、自愿参与的,并带有娱乐性质。具有丰富自然资源的国家生态环境科普基地和国家自然资源科普基地,分别兰列了自然保护地类和自然资源场景类,充分利用国家公园、自然保护区、森林公园、湿地公园、风景名胜区等自然资源保护场地和展现国土空间、土地整治、海洋生态、地质地貌、自然遗迹等的自然资源场景等,开展特色科普活动,普及生态环境科技知识,展示自然资源科技成果,倡导树立节约资源、人与自然和谐共生意识。

第二章

交通运输科普基地政策与管理

随着交通运输科技创新和科普工作的协同推进,交通运输科普事业发展的良好氛围逐步形成,在各级交通运输主管部门、企事业单位和高等院校等努力下,逐步形成了一批明显具有专业和地域特色的交通运输科普基地。本章将结合交通运输行业实际,系统阐述交通运输科普政策、管理、对象和要素,重点介绍交通运输科普基地的管理。

第一节　交通运输科普政策、管理、对象和要素

一、交通运输科普政策

早在 2005 年,我国政府将每年 7 月 11 日(郑和下西洋纪念日)确立为"中国航海日",同时也确定为"世界海事日"在我国的实施日期。"中国航海日"是我国涉海领域级别最高、范围最广、综合性最强的节庆活动,也是宣传普及航海及海洋知识的重要科普活动。借此机会,交通运输行业充分利用船舶、船厂、港口、实验室和博物馆等航海资源,通过展览、科普、公众开放日等形式开展灵活多样的宣传教育活动。

"十二五"以来,交通运输部主要依托全国科技活动周,在行业内组织开展交通运输科技活动周,依托中国航海学会、中国公路学会、交通运输部公路科学研究院、交通运输部科学研究院、人民交通出版社等部管社团和部属单位组织开展了主题展会、学术沙龙等丰富多彩的活动,并面向公众开放科研仪器和设施,向社会推荐一系列的优秀科普作品,有效地指导带动各单位开展科普工作。2014 年 5 月,交通运输部印发《关于组织开展 2014 年交通运输科技活动周有关事宜的通知》,提出围绕"高端科技资源向社会开放""加强贴近百姓生活的科普宣传"两大主题开展交通运输科技活动。2016 年 5 月,交通运输部印发《2016 年交通运输科技活动周方案》,提出以"创新引领,共享发展"为主题,从宣传科技创新成果、开展特色科普活动、开放优质科技资源、倡导科学生活方式四个部分组织各地开展丰富多样的宣传活动。

2016 年 3 月,交通运输部出台《交通运输科技"十三五"发展规划》,提出支持科学普及服务,推动交通运输科研机构、高校向社会开放科研设施设备,支持有关出版机构、新闻媒体、展

览馆、科技馆、学术团体、主题公园等宣传交通运输重大工程建设、安全应急、节能环保等方面技术和知识，促进交通运输科技传播，提高公民素质。

2016 年 10 月，交通运输部印发了《交通运输部关于深化科技体制改革落实创新驱动发展战略的意见》，提出加强科学普及服务。鼓励有关单位立足优势、突出特色，举办科技交流活动。加强科普基础设施系统布局，培育建设一批具有行业特色的科普基地。支持有关新闻出版机构、学术团体、科普基地等宣传交通运输新技术、新知识，促进交通运输科技传播，夯实群众基础。

2017 年，交通运输部与科技部签署《关于推动"科交协同"的合作协议》，明确提出持续开展交通运输科普工作，推动在铁路、公路、水路、民航、邮政等领域建设一批国家交通运输科普基地，进一步提升交通运输科普工作成效。

2019 年 1 月，交通运输部出台《关于加强交通运输科学技术普及工作的指导意见》，从科普供给能力、科普基地建设、传播协作能力、精准惠民服务、国际交流与合作五方面提出了重点任务。在加强科普基地建设方面，明确要求在优化基地布局、提升现有科普教育基地服务能力、推动科普基地创新发展三方面下功夫，充分发挥科普基地在提高公民交通运输科学素质中的作用。

2020 年 7 月，交通运输部和科技部联合印发《国家交通运输科普基地管理办法》，明确国家交通运输科普基地应具备的基本条件、申报与命名的程序、管理与服务等相关内容，为基地认定和管理工作提供了依据，引导全行业依托交通运输重大工程、综合交通枢纽设施、重点科研平台和交通科技场馆等资源，开展国家交通运输科普基地建设。

2022 年 1 月和 4 月，交通运输部和科技部先后联合印发的《交通领域科技创新中长期发展规划纲要(2021—2035 年)》《"十四五"交通领域科技创新规划》中，将"提升交通科普服务能力"作为"强化科技创新体系建设"的重要内容，并提出要统筹交通运输领域科普资源，建设高水平国家交通运输科普基地，提升科普教育基地服务能力。发挥科学家和工程技术人员在科普传播中的主力军作用，推动技术研发、成果推广、教育培训与科普宣传有机结合。充分利用新一代信息技术，提升交通运输科普服务和传播能力。

二、交通运输科普管理

交通运输部作为交通运输行业主管部门，指导和领导着交通运输领域的科普工作，归口管理职责在交通运输部科技司。在国家层面上，交通运输部在中共中央、国务院的领导下，在科技部、中国科协的支持下，开展交通运输行业科普工作。在交通运输行业内，交通运输部指导省级交通运输主管部门、部属单位、共建高校、中央交通运输企业、国家交通运输科普基地、重点科研平台以及行业社团组织等开展交通运输科普工作；同时，行业社团组织(如中国公路学会、中国航海学会等)受中国科协的领导和管理，在交通运输部和中国科协的双重指导下开展科普工作。交通运输行业科普工作管理的架构如图 2-1 所示。

省级交通运输主管部门是指各省、自治区、直辖市和新疆生产建设兵团交通运输厅(局、委)，共 32 家单位，是行业科普政策的贯彻落实者，是行业科普工作的组织执行者。从管理职责来看，同交通运输部类似，省级交通运输主管部门均未明确规定科普工作职责，但有拟定行业科技政策、协调重大科研攻关以及科技成果推广等职责。在做好行业科技管理的同时,根据上级交通运输主管部门或者同级科技主管部门的安排,尤其是在全国科技活动周、科普日等重要活动时期,组织辖区内教育科研、生产单位开展特色科普活动,推荐辖区内的科研、生产单位参与国家交通运输科普基地申报和交通运输科普讲解大赛参赛等活动。同时,部分省级交通主管部门与省级科技主管部门联合开展科普基地认定、科普讲解大赛等专项科普工作,与国家级、部级有关部门联动。

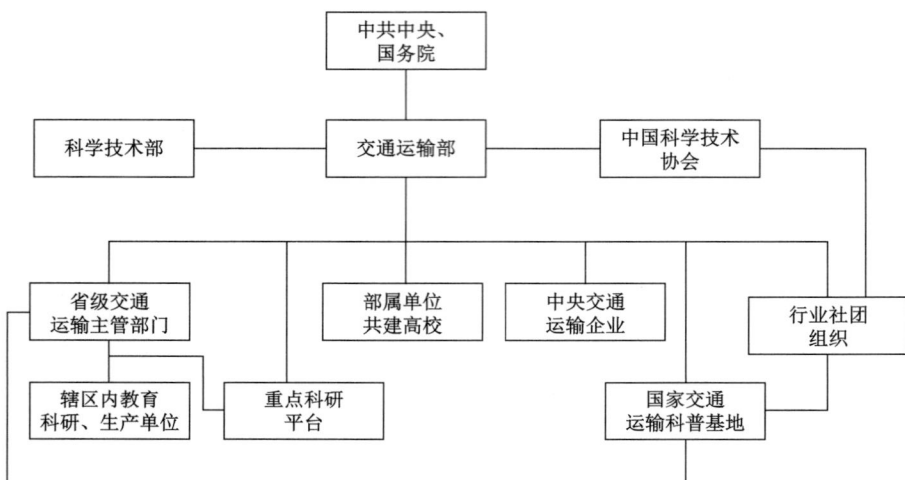

图 2-1　交通运输行业科普工作管理架构

部属单位是指交通运输部下属的事业单位,包括科研单位、高等院校、党校、行政性事业单位等,例如交通运输部科学研究院。共建高校是指由交通运输部和教育部或地方政府共同指导进行共建的大学,发挥这些行业特色高校在行业内的头部效应,例如武汉理工大学。这些单位直接在交通运输部的领导下开展科普工作,可以直接参与国家交通运输科普基地申报和交通运输科普讲解大赛参赛等活动,是交通运输科技活动周的主要力量。

中央交通运输企业是指交通运输行业的中央管理企业,由交通运输部负责行业指导,例如中国交通建设集团有限公司。这些中央企业下辖多个高技术企业、研发中心、重点实验室等,拥有雄厚的科研实力和丰富的科普资源,也是交通运输科普活动的重要参与者。

行业社团组织是指与交通运输专业相关的全国性行业学会(协会),包括中国公路学会、中国航海学会、中国铁道学会、中国交通运输协会等。这些社团组织是行业科普工作的主要社会力量,专门设有科普部,设置各类科普奖项,协助行业主管部门制定科普政策和工作规划,组织会员单位和地方企业开展群众性、社会性、经常性的科普活动。

国家交通运输科普基地是指由交通运输部和科技部联合认定的交通运输行业的国家特色科普基地,是交通运输行业科普的示范带动力量。

重点科研平台是指在国家、行业或地方有关政府部门认定的重点实验室、技术创新中心、野外科学观测基地、科学数据中心等科技创新基地,可依托先进的科研设备、科研人员、科技成果等开展科普活动。

三、交通运输科普对象

交通运输科普工作不仅存在于基础设施、运输装备等的建设制造环节，还存在于整个运输服务和安全管理过程中。各类人群在交通运输各个阶段都有参与，参与者的科学素质直接影响着交通运输生产和服务的每个环节。交通运输科普对象主要包括以下四类：

对象一：青少年。激发青少年的好奇心和想象力，增强青少年对交通运输领域科学知识和安全知识的认识，引导中小学充分利用科技馆、博物馆、科普教育基地等科普场所广泛开展各类学习实践活动，培育一大批具备科学家潜质的青少年，为加快建设科技强国夯实人才基础。

对象二：产业工人。强化职业技能培训中的科普，弘扬工匠精神，提升职业技能和创新能力，打造一支有理想守信念、懂技术会创新、敢担当讲奉献的高素质产业工人队伍，更好服务交通强国建设。

对象三：领导干部和公务员。进一步强化领导干部和公务员对科教兴国、创新驱动发展等战略的认识，突出科学精神、科学思想培养，加强前沿科技知识和全球科技发展趋势学习，提高领导干部和公务员的科学履职能力。

对象四：科技工作者。既是科学知识的传播者，也是科普工作的受益者。积极弘扬科学家精神，恪守科学道德准则，主动发挥专业优势和专长，努力提升自身的科学素质，增强科普责任感和使命感，为提高全民科学素质作出表率。

四、交通运输科普要素

交通运输科普要素主要包括科普人才队伍、科普作品、科普活动、科普服务、媒体和科普基础设施等。

交通运输科普人才队伍是行业科普工作的核心要素和首要资源。人是进行科普创作、开展科普活动、提供科普服务的唯一主体，人才队伍培养是科普事业发展的重中之重。立足实际条件和需求，培养、吸纳和使用好人才，把各方面优秀人才聚集到科普一线，壮大科普人才队伍和老年志愿者队伍，加强科普志愿服务组织和队伍建设。

交通运输科普作品包括科普文章、科普图书和科普视频等，是科普工作的重要载体，对科学知识传播、科学理念普及、科学精神传承以及科学理想激发起着不可替代的重要作用。引导和鼓励更多的科技工作者与文学、艺术、教育、传媒工作者等加强交流，多形式开展科普创作，运用新技术手段，丰富科普作品形态。

交通运输科普活动是在一定的背景下，以科普为主题，利用专门的普及载体和灵活多样的宣传形式，面向社会公众传播科学精神、科学知识、科学思想和科学方法，实现科学的广泛扩散、转移和形态转化，从而取得预期效果的一种有组织、有目的群体性活动。全国性的科普活动有科普日、全国科技活动周、全国科普讲解大赛等。交通运输行业科普活动有中国航海日、交通运输科技活动周、交通运输科普讲解大赛、水上交通安全教育等。

交通运输科普服务是指科普志愿者、科普志愿组织为服务创新驱动发展战略、服务全民科学素质提高、服务党和政府科学决策,通过进社区、进乡村、进学校、进企业、进园区,自愿无偿向社会或者他人提供的公益性科普类服务。

媒体包括报纸、广播、电视、网络等,是信息传播的重要媒介,是科学知识和科普内容的传播载体,是社会公众获取科技类信息的重要渠道,是科普活动成效的放大器。

交通运输科普基础设施是指具备科普功能,定期向社会公众开放(参观、学习),是分享科普信息和科普作品、开展科普活动和提供科普服务的重要平台和载体,包括科技场馆、基层科普设施、流动科技馆、科普大篷车、数字科技馆等。

可以看到,交通运输科普基础设施是科普作品创作、科普活动开展、科普服务提供的基础,也是科普人才队伍建设的平台,媒体是科普工作成效的放大器,这些科普要素是交通运输科普工作的有机组成部分。通过科普基础设施的建设和发展,科普作品、科普活动、科普服务等可采用易于理解、接受和参与的方式向公众传播、普及,科普人才等科普资源的作用才能更好发挥。

第二节　交通运输科普基地管理

一、交通运输科普基地的分类

从科普基地的内涵来看,交通运输科普基地是指以提升公众科学素质为目标,依托交通运输行业生产服务设施设备、教学科研条件资源等,开展社会性、群众性、经常性科普活动,普及交通运输科学知识和科学方法,传播科学思想,弘扬科学精神的科普基础设施。这些科普基地在认定机构或者上级单位的组织指导下开展各项科普活动,完成既定的科普工作目标和任务。

根据认定机构的不同,交通运输科普基地可以分为下列几类:一是国家交通运输科普基地;二是由各级科技主管部门认定的交通运输科普基地;三是由各级科协认定的交通运输科普教育基地;四是由各级行业学会(协会)认定的交通运输科普教育基地,即交通运输行业科普教育基地;五是由各级文物主管部门认定或备案的、具有科普功能的交通运输专业领域的博物馆;另外,那些尚未经过认定但具有科普基地功能的科普基础设施,将积极培育建设争取纳入交通运输科普基地序列。各类交通运输科普基地关系如图 2-2 所示。

(一)国家交通运输科普基地

为完善国家科普基地体系,推进国家特色科普基地建设,助力以科技创新支撑加快建设交通强国,2020 年 7 月,交通运输部和科技部联合印发《国家交通运输科普基地管理办法》,开展国家交通运输科普基地建设。经各地各部门推荐、专家评审及公示、交通运输部和科技部审定,2020 年和 2022 年,两部门联合认定公布两批共 30 家国家交通运输科普基地名单。这些科普基地在支撑交通运输科普工作中发挥引领示范作用。国家交通运输科普基地是目前交通运输科普基地建设的标杆,是交通运输行业各级各类科普基地建设培育的最高目标。

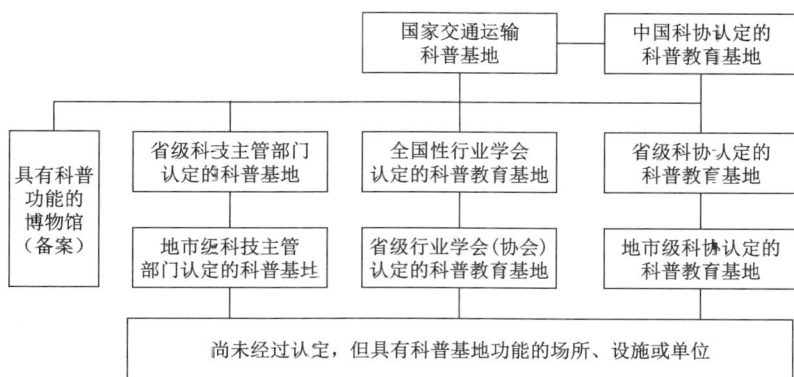

图 2-2　交通运输科普基地总体构成

(二) 各级科技主管部门认定的交通运输科普基地

为充分发挥科普载体的宣教优势,推动各省科普事业蓬勃发展,省级科技主管部门根据有关管理办法组织认定了省域内的科普基地,覆盖各行各业和各个专业领域,其中有涉及交通运输领域的科普基地。如河南省科技厅认定的中原地区交通运输安全警示教育基地,甘肃省科技厅认定的甘肃省道面工程技术研究中心,山东省科技厅认定的山东省交通科技研发中心等。部分地市级科技主管部门,如广州市科技局、沈阳市科技局等单位也组织开展地市内的科普基地认定工作,也涉及了交通运输领域。

(三) 各级科协认定的交通运输科普教育基地

中国科协及其下属单位认定的基地统称为科普教育基地,其中,中国科协认定的全国科普教育基地,是科普教育基地建设培育的最高目标。省级科协开展省级科普教育基地的认定工作,如江苏省科学技术协会认定的江苏省科普教育基地江苏铁路教育馆;地市级科协也开展地市级科普教育基地的认定工作,如泉州市科协认定的泉州市惠安县交通运输科普教育基地,武汉市科协认定的武汉桥梁科普教育基地。

(四) 各级行业学会(协会)认定的交通运输科普教育基地

交通运输行业学会(协会)结合行业特点,也会开展科普教育基地的认定工作。其中,全国性交通运输行业学会认定的科普教育基地是国家交通运输科普基地的重要储备力量,包括中国公路学会认定的全国公路科普教育基地、中国航海学会认定的全国航海科普教育基地、中国铁道学会认定的全国铁路科普教育基地、中国民航科普基金会认定的中国民航科普教育基地等。另外,省级行业学会也开展省级行业科普教育基地的认定工作,如上海市公路学会认定的同济大学智慧交通科普教育基地、云南省公路学会认定的云南公路历史文化传承馆等。

(五) 交通运输专业领域的博物馆

交通运输行业内发挥科普功能的科普基础设施还包括各级文物主管部门认定或备案的交

通运输专业领域的博物馆,如由国家文物局认定的中国航空博物馆、上海邮政博物馆、淮安运河博物馆等。另外还有一些由省级文物局认定或备案的博物馆,同样具备交通运输科普功能。

二、国家交通运输科普基地管理

(一) 定位和管理

国家交通运输科普基地属于国家特色科普基地,体现了交通运输科普基地的最高水平,是展示交通运输科技成果与发展实践的重要场所、设施或单位,应以面向社会公众开展交通运输科技知识普及、宣传交通运输发展和现代化交通理念及先进交通文化为主要任务,并在开展社会性、群众性、经常性的科普活动中发挥示范引领作用。

交通运输部会同科技部共同负责科普基地的评审、命名、管理及评估,具体工作由交通运输部科技主管部门和科技部科普工作主管部门共同承担。依托有关专业机构设立科普基地管理办公室(以下称基地办公室),负责组织科普基地申报及评审、日常运行管理等事务性工作。

(二) 申报条件

(1)突出交通运输科普特色,开展主题内容明确、形式多样的科普活动,年对外开放30天以上(科技场馆等有条件的基地应常年开放),年参观人数5000人次以上,并拥有各类支撑保障资源。

(2)具备一定规模的专门用于交通运输科学技术传播与普及的固定场所、平台及技术手段(展馆类基地面积原则上应在1000平方米以上,综合交通枢纽、场站、码头等交通生产服务设施及大型交通工具应通过电子屏幕、展板安排一定比例的科普宣传内容)。

(3)设有负责科普工作的职能部门,并配备开展科普活动的专(兼)职人员队伍。

(4)管理制度健全,将科普工作纳入本单位年度工作计划及目标。

(5)能够保障开展经常性科普活动所需的经费。

(6)面向公众开放,具备一定规模的接待能力,符合相关公共场馆、设施或场所的安全、卫生、消防标准。

(7)具备策划、创作、开发交通运输科普作品的能力,并具有网站、微信、微博等对外宣传渠道。

(8)科普基地应充分发挥公益性科普示范作用,结合本单位职能定位和优势条件,制定开展科普工作的规划和年度计划,面向公众开展常态化科普活动,或结合促进交通运输科学发展和交通强国建设需要,开展主题性科普宣传活动。

(9)科普基地应加强科普人才队伍建设。有计划地开展专(兼)职科普工作人员业务培训,积极发展科普志愿者队伍。

(三) 申报流程

国家交通运输科普基地申报流程如图2-3所示。

```
┌─────────────────────────────┐
│      申报单位提交申报材料        │
└─────────────────────────────┘
              │
              │  申报单位应为大陆境内注册的法人单位,是申报基地的所有者
              │  和经营者
              ↓
┌─────────────────────────────┐
│       推荐单位负责审核和推荐      │
└─────────────────────────────┘
              │
              │  省级交通运输主管部门会同科技主管部门负责本行政区域内的
              │  科普基地审核、推荐工作。
              │  部管国家局及中央级交通运输企业、科技部直属单位、部直属
              │  单位(系统)、共建高校和行业学协会负责本单位(系统)科
              │  普基地的推荐工作
              ↓
┌─────────────────────────────┐
│     专业机构负责受理和形式审查     │
└─────────────────────────────┘
              │
              │  形式审查依据办法规定的基本条件
              ↓
┌─────────────────────────────┐
│   专家评审包括材料评审和现场评审    │
└─────────────────────────────┘
              │
              │  申报单位通过材料评审后,方可进入现场评审
              ↓
┌─────────────────────────────┐
│          公示和命名            │
└─────────────────────────────┘
```

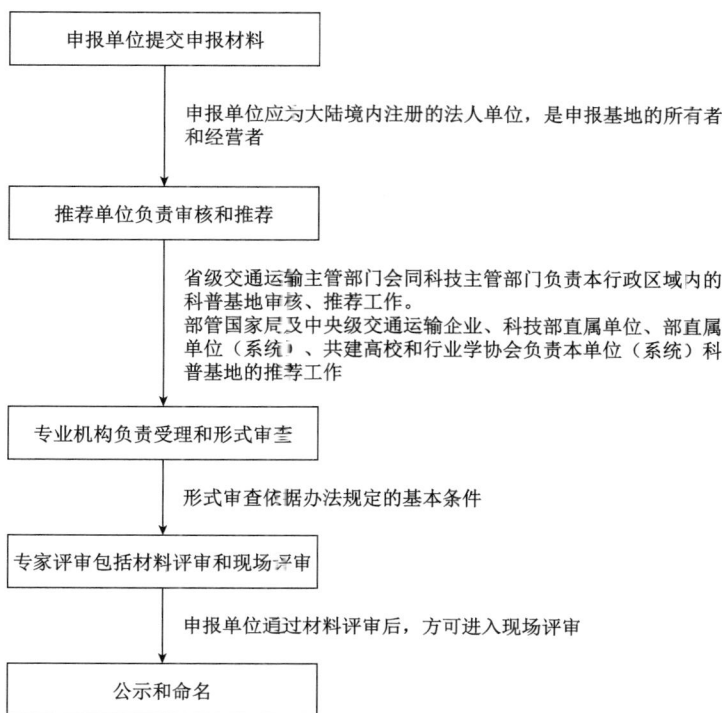

图 2-3　国家交通运输科普基地申报流程图

(四)管理与服务

(1)交通运输部将支持和指导科普基地发展建设,并优先推荐申报各类科普项目、奖励、优先提供培训机会,择优推荐工作成效突出的基地争创国家科普示范基地。

(2)各省级交通运输主管部门和科技主管部门、有关行业学会,应充分利用相关政策和交通运输重大工程建设,支持科普基地建设及运行,加强宣传和推介,扩大科普基地的社会认可度和影响力。

(3)科普基地实行动态管理,适时组织开展综合评估,经评估合格的继续保留基地称号,评估不合格的责令整改。

三、交通运输行业科普教育基地管理

本部分重点介绍由交通运输领域内的全国性行业学会(中国公路学会、中国航海学会、中国铁道学会等)组织认定的科普教育基地,是中国科协组织认定的全国科普教育基地在不同行业的延伸。

(一)全国公路科普教育基地

根据《全国公路科普教育基地认定与管理办法》,全国公路科普教育基地主要是指依托教学、科研、生产和服务等机构,面向公路行业从业者及社会公众开放,具有特定的科学技

术教育、传播与普及功能的场馆、设施或场所,如博物馆、文化馆、陈列厅、古文化遗址、实验室、科研中心等。中国公路学会负责全国公路科普教育基地的认定、管理和指导。申报条件主要包括:

(1)具有法人资格或受法人委托,能独立开展公路科普活动的单位,并设有专门的公路科普工作机构。

(2)重视公路科普工作,具备开展公路科普工作的制度保障,并将公路科普工作纳入本单位的工作计划、年度工作目标考核及表彰奖励范围。

(3)具备一定规模的专门用于科学技术教育、传播与普及的固定场馆、设施或场所,保证开放时间和受众人数。

(4)拥有主题内容明确、形式多样的科普展教资源。

(5)具备开展科普活动的专(兼)职队伍。

(6)能够保障开展经常性科普活动所需的经费。

(二)全国航海科普教育基地

根据《中国航海学会航海科普教育基地管理办法》,航海科普教育基地主要是指依托教学、科研、生产和服务等机构,面向社会和公众开放,具有航海科学技术教育、传播与普及功能的场馆、设施或场所。中国航海学会负责航海科普教育基地的申报受理、评审、命名、管理及考核等工作。申报条件与要求主要包括:

(1)突出航海科普特色,拥有主题内容明确、形式多样的各类航海科普展教资源。具备一定规模的专门用于航海科学技术教育、传播与普及的固定场所。

(2)面向公众开放,具备一定规模的接待能力,符合相关公共场馆、设施或场所的安全、卫生、消防标准。

(3)管理制度健全,将科普工作纳入本单位年度工作计划及目标;设有负责科普工作的职能部门,并配备开展科普活动的专(兼)职人员队伍。

(4)能够保障开展经常性航海科普活动所需的经费。

(5)具有网站或微信、微博等对外宣传渠道。

(6)航海科普教育基地是为公众提供科普服务的重要平台,是科普工作的重要载体,能够充分发挥公益性科普基础设施的作用,结合自身条件,按照全国、本地、本系统的部署,将贯彻《全民科学素质纲要》的有关任务落实到基层。航海科普教育基地应制定开展科普工作的规划和实施计划,充分发挥科普教育示范作用,利用自身优势创造条件,面向公众开放开展科普活动,保证开放时间和受众人数。

(7)航海科普教育基地应不断提高科普服务的质量与水平,积极策划、创作、开发多元航海科普作品;注重与所在地的社区、学校、部队及其他企事业单位等建立固定联系和工作制度,合作开展社会化科普活动;注重科普活动贴近实际、贴近生活、贴近群众,有特色、有实效;注重科普资源的共建共享,积极吸纳和使用社会各方面的优秀科普资源,自主开发具有特色的科普展教资源。

(8)航海科普基地应加强科普人才队伍建设。有计划地开展专(兼)职科普工作人员业务培训,实行科普专家建制,积极发展航海科普志愿者队伍。

(三)全国铁路科普教育基地

根据《全国铁路科普教育基地认定与管理办法》,铁路科普教育基地主要是指依托教学、科研、生产、传媒和服务等资源载体,面向社会和公众开放,具有特定科学技术教育、传播与普及功能的机构。中国铁道学会是全国铁路科普教育基地的指导部门。申报条件主要包括:

(1)具有法人资格或受法人正式委托,能独立开展科普活动的单位,且所在单位领导重视,设有专门的科普工作机构。

(2)重视铁路科普工作,具备开展科普工作的制度保障,有科普工作的长期规划和年度计划,将科普工作纳入年度工作目标考核及表彰奖励范围。

(3)具有专项科普经费,列入本单位年度财务预算,并实行专款专用,能确保科普教育工作正常运行。

(4)具备开展科普工作所需的专(兼)职队伍和志愿者队伍,并有计划地开展科普工作人员业务培训。

(5)能够积极参加全国(铁路)大型科普活动,并结合基地实际组织特色科普教育活动。

(6)建有基地科普教育网站或在主管单位网站设有科普栏目,并做到内容及时更新。

第三章

交通运输科普基地发展现状与问题

　　为全面了解交通运输科普基地的发展现状,支撑交通运输行业科普基地的能力提升和系统布局,本书作者通过问卷调查、电话调研、集中座谈、实地走访等方式开展了较为全面的交通运输科普基地摸底调研工作。调研对象共 291 家,分布于全国 31 个省(区、市),涵盖所有交通运输方式、基地类型、依托单位性质等。本章将从基本情况、资源条件、科普活动、科普传媒等方面系统分析交通运输科普基地发展现状和问题。

第一节　交通运输科普基地基本情况

一、地区分布

　　随着国家、部门和地方支持科普基地建设相关政策的陆续出台,各地交通运输科普基地建设的步伐明显加快,逐步形成满足青少年、产业工人、领导干部和公务员等不同服务对象需求的科普基础设施支撑体系。

(一)省份分布

　　调研结果表明,目前全国 31 个省(区、市)均已建有交通运输科普基地,各省(区、市)平均拥有的科普基地为 9.4 家,但各省(区、市)之间的差距十分显著。排名前 3 的山东、北京和广东,各自拥有的基地数量已经达到或超过了 20 家;浙江、江苏和上海等 8 个省(市)的基地数量均已超过了 10 家;甘肃、河北和湖南等其余 20 个省(区、市)的基地数量都在均值以下。其中,最少的是吉林和西藏,分别只有 1 家;其次是海南、宁夏、青海和山西,分别只有 2 家。各省(区、市)的交通运输科普基地数量如图 3-1 所示。

　　把 31 个省(区、市)按东、中、西部三个地区❶来划分,如表 3-1 所示。东部地区 11 个省

---

　　❶　地区划分:东部包括北京、天津、河北、辽宁、上海、江苏、浙江、福建、山东、广东和海南;中部包括山西、吉林、黑龙江、安徽、江西、河南、湖北和湖南;西部包括内蒙古、广西、重庆、四川、贵州、云南、西藏、陕西、甘肃、青海、宁夏和新疆。

（区、市）共有基地 169 家，占全国的比例为 58.1%，超过了基地总数的一半，平均每个省（区、市）有 15.4 家；中部地区 8 个省（区、市）共有基地 55 家，所占比重为 18.9%，平均每个省（区、市）仅有 6.9 家；西部地区 12 个省（区、市）共有基地 67 家，所占比重为 23.0%，平均每个省（区、市）有 5.6 家，东部、中部、西部地区的科普基地占比情况如图 3-2 所示。

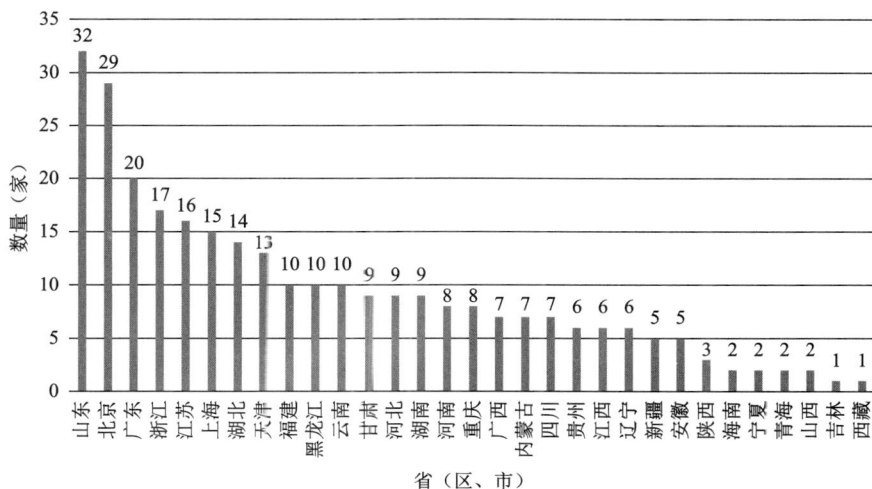

图 3-1 各省（区、市）交通运输科普基地数量

东部、中部和西部地区交通运输科普基地数量及所占比例　　　　　表 3-1

地区	东部	中部	西部	总计
省（区、市）数量（家）	11	8	12	31
基地总数（家）	169	55	67	291
基地平均数（家）	15.4	6.9	5.6	9.4
所占比例（%）	58.1	18.9	23.0	100

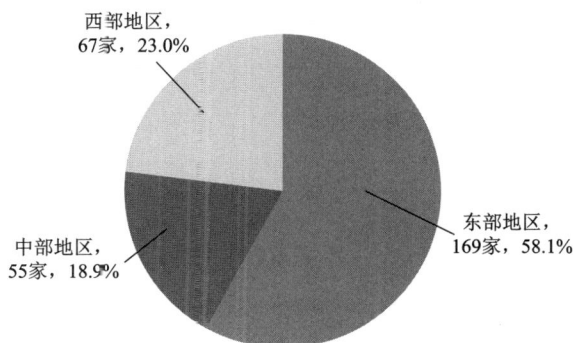

图 3-2 东部、中部和西部地区交通运输科普基地分布

总体上讲，交通运输科普基地分布和区域经济发展有着非常密切的关系，经济较好的东部地区拥有的科普基地数量和平均数均远高于中西部地区。

（二）地市分布

考虑到交通运输科普基地在地域上辐射范围有限，大部分交通运输科普基地的服务对象为本省甚至本地级市的社会公众和青少年，所以我们将交通运输科普基地按照所处的地级市进行了统计分析，结果如表 3-2 所示。

各省（区）所辖地市拥有交通运输科普基地情况　　　　表 3-2

省（区）	地市数量（个）	全省（区）基地总数数量（家）	平均每个地市的基地数量（家）	省 会 城 市		非省会地市	
				基地数量（家）	所占比例（%）	有基地的地市数量（个）	基地数量（家）
山东	16	32	2.0	9	28.1	7	23
广东	21	20	1.0	11	55.0	5	9
浙江	11	17	1.5	5	29.4	6	12
江苏	13	16	1.2	6	37.5	7	10
湖北	13	14	1.1	12	85.7	2	2
福建	9	10	1.1	3	30.0	3	7
黑龙江	13	10	0.8	6	60.0	2	4
云南	16	10	0.6	6	60.0	3	4
甘肃	14	9	0.6	7	77.8	1	2
河北	11	9	0.8	2	22.2	5	7
湖南	14	9	0.6	5	55.6	4	4
河南	17	8	0.5	3	37.5	5	5
广西	14	7	0.5	5	71.4	2	2
内蒙古	12	7	0.6	3	42.9	2	4
四川	21	7	0.3	6	85.7	1	1
贵州	9	6	0.7	3	50.0	3	3
江西	11	6	0.5	5	83.3	1	1
辽宁	14	6	0.4	2	33.3	2	4
新疆	14	5	0.4	2	40.0	3	3
安徽	16	5	0.3	3	60.0	2	2
陕西	10	3	0.3	3	100.0	0	0
海南	4	2	0.5	0	0.0	1	2
宁夏	5	2	0.4	2	100.0	0	0
青海	8	2	0.3	2	100.0	0	0

续上表

省(区)	地市数量（个）	全省(区)基地总数数量（家）	平均每个地市的基地数量（家）	省 会 城 市		非省会地市	
				基地数量（家）	所占比例（%）	有基地的地市数量（个）	基地数量（家）
山西	11	2	0.2	2	100.0	0	0
吉林	9	1	0.1	0	0.0	1	1
西藏	7	1	0.1	1	100.0	0	0
总计	333	226	0.7	114	50.4	68	112

除北京、天津、上海和重庆4个直辖市外，全国333个地级市(含293个地市、7个地区、30个自治州、3个盟，以下统称为地市)总共拥有交通运输科普基地226家，平均一个地市不到1家，总量明显不足。同时，这些科普基地在地市分布上还很不均衡，仅分布在93个地市，占地市总数的27.9%，即我国只有不到三分之一的地市建有交通运输科普基地，远远不能满足基层的交通运输科普需求。

如果把所有地市按照省会城市和非省会地市进行划分，省会城市有27个，非省会地市有306个。

在27个省会城市中，25个省会城市至少拥有一家交通运输科普基地，只有吉林长春、海南海口这两个城市没有交通运输科普基地；省会城市拥有的基地数量达到114家，占地市科普基地总数的50.4%。可见，省会城市的科普资源相对较好。其中，排名第一的是湖北武汉，拥有12家，占全省(14家)的比例高达85.7%；第二的是广东广州，拥有11家，占全省(20家)的比例达到55%；第三的是山东济南，拥有9家，占全省(32家)的比例为23.1%。此外，陕西、宁夏、青海、山西等本就为数不多的科普基地都集中在省会城市。

在306个非省会地市中，仅有68个地市建有交通运输科普基地，占非省会地市总数的比例仅为22.2%，也就是说，除了省会城市外，其他地市中有接近80%的地市没有科普基地。相比之下，山东、江苏、浙江、广东、河南、河北这6个省份的科普基地覆盖面较广，建有科普基地的非省会地市达到了5个及以上。在非省会城市中，拥有科普基地最多的是山东青岛，有10家；其次是广东深圳和山东烟台，各5家；福建厦门有4家，内蒙古呼伦贝尔、黑龙江牡丹江、辽宁大连、山东潍坊、浙江宁波和舟山各有3家。

二、基地类型

根据《国家交通运输科普基地管理办法》，交通运输科普基地主要分为交通运输教育科研、科技场馆、历史文化、生产设施和其他共5个类型。从调研结果来看，291家交通运输科普基地中，以教育科研类和科技场馆类为主，分别有117家和115家，两类基地合计所占比例达到79.7%；历史文化类和生产设施类基地数量分别有26家和32家，占比分别8.9%和11.0%；其他类则仅有1家，分布如表3-3所示。

交通运输科普基地类型及各地区分布情况 表3-3

基 地 类 型	东 部 地 区		中 部 地 区		西 部 地 区		总 计	
	数量（家）	占本地区比例（%）	数量（家）	占本地区比例（%）	数量（家）	占本地区比例（%）	数量（家）	占本地区比例（%）
科技场馆类	65	38.5	18	32.7	32	47.8	115	39.5
教育科研类	68	40.2	26	47.3	23	34.3	117	40.2
历史文化类	15	8.9	4	7.3	7	10.4	26	8.9
生产设施类	20	11.8	7	12.7	5	7.5	32	11.0
其他类	1	0.6	0	0.0	0	0.0	1	0.4
总计	169	100.0	55	100.0	67	100.0	291	100.0

在117家教育科研类科普基地中，主要包括高等院校、科研院所、特色职业技术学校、驾驶培训学校、交通科技企业，以及行业重点实验室、研发中心、野外观测基地等科研创新平台等，如交通运输部公路科学研究院公路交通综合试验场、山东交通职业学院航海科普教育基地、招商局重庆交通科研设计院有限公司的国家山区公路工程技术研究中心等。这些科普基地的依托单位是交通运输行业科技创新的主力军，拥有先进的科技设施和前沿的科技成果，具有科技资源科普化的良好基础条件。

在115家科技场馆类科普基地中，由国家文物局认定或备案的博物馆占半数以上，如中国航空博物馆、淮安运河博物馆等；其余则是在高校、企事业单位等内部建设的展览馆或科技馆，如长安大学公路交通博物馆、广州羊城通有限公司的交通智慧支付博物馆。这些科普基地依托单位通过建设独立交通科普博物馆，宣传交通运输领域科技知识及优秀成果。

在26家历史文化类科普基地中，主要是展示包含交通运输发展历史、具有唯一性或独特历史文化内涵的场馆、设施或场所，如交通运输部南海航海保障中心的广州舢板洲灯塔、交通运输部北海航海保障中心的青岛航标博物馆、西藏自治区"两路"精神纪念馆。

在32家生产设施类科普基地中，主要包括依托大型桥隧、码头场站、公务船舶、交通运行指挥中心等生产设施建设的科普基地，如港珠澳大桥、国能黄骅煤炭能源港口、"北海救112轮"、泰州海事局永安监管救助基地、重庆市交通运行监测与应急调度中心等。

其他类只有人民交通出版社股份有限公司1家。

如果按东、中、西部三个地区来分，如图3-3所示，可以看到各地区中四种基地类型的构成基本类似。其中，三个地区中的教育科研类和科技场馆类合计比例都在80%左右，但东部和中部地区的教育科研类多于科技场馆类，而西部的科技场馆类多于教育科研类，这是由于西部地区的教育科研资源相对较少一些，且又建有一些具有地域特色的博物馆，如云南腾冲史迪威公路博物馆、青海新丝路丝绸文化博物馆等。在生产设施类中，东部地区的基地数量明显高于中部和西部地区，这是由于高科技含量的交通基础设施或生产设备在东部地区相对多一些，而且东部地区的科普意识也相对强一些。

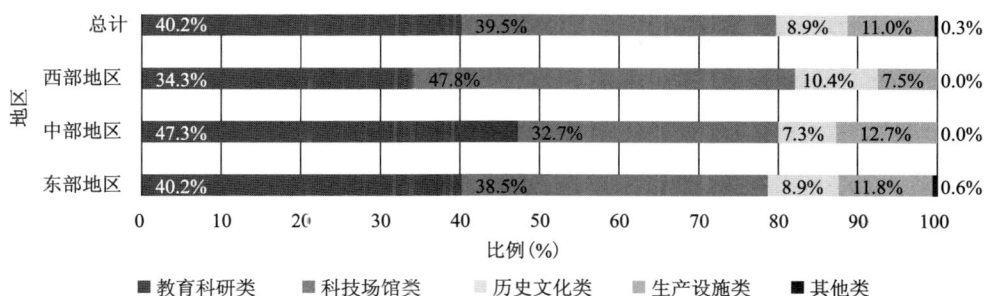

图 3-3　交通运输科普基地类型及各地区分布比例图

三、涵盖运输方式

本次调研的 291 家科普基地在展示内容上涵盖了公路、水路、铁路、民航、邮政和城市交通等所有交通运输方式,有些基地甚至涵盖了两种以上运输方式。从表 3-4 可以看出,公路、水路领域的基地数量和占比均远高于其他运输方式,这两种方式总计占所有基地的三分之二。其中,公路领域的基地数量最多,为 118 家,占 40.55%;水路领域为 76 家,占 26.1%;铁路领域 21 家,占 7.2%;邮政领域 19 家,占 6.53%;城市交通和民航领域分别为 10 家和 8 家,占比为 3.4% 和 2.8%;展示两种及以上运输方式的为 39 家,占 13.4%。这一结果也与本次调研渠道有关,从省级交通运输主管部门获取的科普基地信息以公路、水路和城市交通领域为主,而铁路、民航、邮政领域的科普基地信息主要通过公开渠道、行业学会以及国家交通运输科普基地申报工作获得。因此,公路、水路和城市交通领域的调研范围覆盖相对全面。

不同运输方式基地数量和比例　　　　　　　　　表 3-4

序　　号	展示的运输方式	基地数量(家)	比例(%)
1	公路	118	40.6
2	水路	76	26.1
3	铁路	21	7.2
4	民航	8	2.8
5	邮政	19	6.5
6	城市交通	10	3.4
7	两种及以上	39	13.4
总计		291	100

从不同运输方式基地各省(区、市)分布情况看(表 3-5),除吉林、海南外,各省(区、市)均有以公路技术为展示主要内容的基地;各沿海省(区、市)和内河航运较为发达省(区、市)拥有水路科普基地,拥有以铁路、邮政、民航、城市交通为主要展示内容的省(区、市)数量较少。

各省(区、市)不同运输方式基地的分布数量(单位:家)　　　　表 3-5

省(区、市)	公路	水路	铁路	民航	邮政	城市交通	两种及以上
山东	11	13	0	1	3	2	2
北京	8	4	4	2	3	1	7
广东	5	7	1	1	1	3	2
浙江	5	8	1	0	2	0	1
江苏	4	5	0	0	3	0	4
上海	2	8	1	0	1	2	1
湖北	4	4	2	0	1	0	3
天津	0	8	0	1	1	0	3
福建	4	6	0	0	0	0	0
黑龙江	4	1	2	0	1	1	1
云南	7	0	1	0	0	0	2
甘肃	7	0	2	0	0	0	0
河北	3	3	1	0	0	0	2
湖南	5	0	2	0	0	0	2
河南	6	1	1	0	0	0	0
重庆	6	0	0	0	0	1	1
广西	3	1	0	0	1	0	2
内蒙古	3	0	3	0	0	0	1
四川	4	0	0	2	0	0	1
贵州	3	1	0	0	0	0	2
江西	6	0	0	0	0	0	0
辽宁	3	3	0	0	0	0	0
安徽	3	0	0	0	1	0	1
新疆	4	1	0	0	0	0	0
陕西	2	0	0	1	0	0	0
海南	0	1	0	0	0	0	1
宁夏	1	0	0	0	1	0	0
青海	2	0	0	0	0	0	0
山西	2	0	0	0	0	0	0
吉林	0	1	0	0	0	0	0
西藏	1	0	0	0	0	0	0
总计	118	76	21	8	19	10	39

　　从各交通运输方式的基地类型来看,民航、邮政以科技场馆类为主;公路、水路、铁路和城市交通有 50% 左右的场馆是教育科研类场馆,可见这四种交通运输方式的科研机构、大专院校建设科普基地意愿较为强烈,详见表 3-6。

不同类型交通运输科普基地数量按运输方式划分（单位：家）　　　表3-6

基地类型	公路	铁路	水路	民航	邮政	城市交通	两种以上	总计
教育科研类	55	28	4	3	1	4	22	117
科技场馆类	40	29	11	5	14	5	11	115
历史文化类	9	8	4	0	4	0	1	26
生产设施类	14	11	2	0	0	1	4	32
其他类	0	0	0	0	0	0	1	1
总计	118	76	21	8	19	10	39	291

四、依托单位性质

根据交通运输科普基地依托单位的性质划分，大致可以分为行政单位、事业单位、企业、社会团体四类。在调研的291家科普基地中，依托单位以事业单位和企业为主，其中事业单位有155家，所占比例达到53.3%，企业有128家，所占比例为44.0%，两者合计所占比例高达97.3%；而依托单位为行政单位和社会团体的分别仅有7家和1家，所占比重分别为2.4%和0.3%，如图3-4所示。

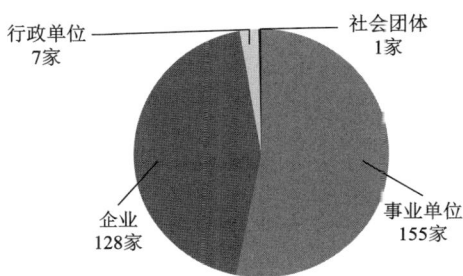

图3-4　交通运输科普基地按依托单位性质划分

依托不同性质单位建设的交通运输科普基地，其科普内容涵盖的运输方式也各有侧重。从表3-7可以看出，以事业单位和企业为依托的科普基地，展示的运输方式最为全面。其中，事业单位科普基地的展示内容以公路为主，企业科普基地的展示内容则公路和水路并重。另外，科普基地依托的行政单位主要是由地方交通主管部门，如西藏自治区交通运输厅"两路"精神纪念馆、克拉玛依市独山子区交通运输局独库公路博物馆和天津市智能交通运行监测中心等。唯一一家以社会团体为依托的交通运输科普基地所展示的主要交通方式为水路类型。

各类依托单位按交通运输方式划分的交通运输科普基地数量（单位：家）　　　表3-7

依托单位性质	公路	水路	铁路	邮政	民航	城市交通	两种及以上	总计
行政单位	4	1	0	0	0	0	2	7
事业单位	66	14	9	13	2	8	17	155
企业	48	60	2	6	6	2	20	128
社会团体	0	1	0	0	0	0	0	1
总计	118	76	21	19	8	10	39	291

不同依托单位性质建设的科普基地类型也有明显差异。从表3-8可以看出，事业单位科普基地中教育科研类比例较高，达到45.8%，企业科普基地中教育科研类比例为35.9%，行政单位和社会团体则没有教育科研类。这与事业单位以学校、科研单位为主有密切关系，如同济大学的未来交通科普教育基地、交通运输部天津水运工程科学研究所大型水动力实验中心（临港基地）。而企业科普基地中科技场馆类占比较高，达到45.3%，主要是一些富有社会责

任感的交通企业和个人创办的科技场馆,如喜跃发国际环保新材料股份有限公司的绿色道路科技馆、顾国强的嘉兴船文化博物馆。

各类依托单位按基地类型划分的交通运输科普基地数量(单位:家)　　表 3-8

基地类型	行政单位	事业单位	企业	社会团体	总计
教育科研类	0	71	46	0	117
科技场馆类	3	54	58	0	115
历史文化类	2	16	7	1	26
生产设施类	2	14	16	0	32
其他类	0	0	1	0	1
总计	7	155	128	1	291

五、基地认定情况

(一)认定总体情况

本次调研的 291 家交通运输科普基地中,已获各级政府部门、科技协会、行业学会(协会)等机构认定的科普基地共 184 家。其中,国家和地方政府部门认定的有 102 家,国家和省级科技协会认定的有 13 家,交通运输行业学会(协会)认定的有 66 家。另外,尚未经过认定但具备科普功能的基地 107 家,详见表 3-9。

交通运输科普基地认定总体情况(单位:家)　　表 3-9

认定情况	认定机构		数　量
已认定	政府部门 (102 家)	交通运输部和科技部	30
		地方科技主管部门	15
		国家文物局	57
	科技协会 (13 家)	中国科协	5
		地方科协	8
	行业学会(协会) (66 家)	行业学会(协会)	64
		地方行业学会(协会)	2
未认定	—		107
总计			291

在获得认定的科普基地中,国家级别的科普基地共 35 家,包括由交通运输部和科技部联合认定的国家交通运输科普基地 30 家和由中国科协认定的全国教育科普基地 5 家;中国公路学会、中国航海学会、中国铁道学会等交通行业学会认定的科普基地 64 家;由省级或地市级地方科技主管部门认定的科普基地 15 家;另外,由地方科协和地方行业学会(协会)认定的科普基地分别有 8 家和 2 家。此外,还有 57 家为国家文物局认定或备案的博物馆。其中还有部分基地同时获得了两个以上渠道的认定。

(二)国家交通运输科普基地

2020 年和 2022 年,交通运输部和科技部联合认定了两批共 30 家国家交通运输科普基地,范围上覆盖了全国 22 个省(区、市),包括交通运输教育科研、科技场馆、历史文化、生产设施和其他 5 个类型,涵盖公路、水路、铁路、民航和城市交通等专业领域,名单见表 3-10。总体上来讲,国家交通运输科普基地代表了交通运输行业开展科普工作的最高水平,并对行业科普基地建设起到了很好的示范引领作用。但从科普基地现场评审专家反馈意见来看,这些科普基地或多或少还存在着科普基础设施薄弱、理念与观念滞后、活动形式亟待创新、人才队伍建设有待加强、科普内容与实际需求脱节等问题。

国家交通运输科普基地名单　　　　　　　　　　　　　　表 3-10

序号	科普基地名称	依托单位
1	上海中国航海博物馆	上海中国航海博物馆
2	中国铁道博物馆	中国铁道博物馆
3	桥梁博物馆	中铁大桥局武汉桥梁传媒有限公司
4	大连海事大学校史馆及"育鲲"轮	大连海事大学
5	长安大学公路交通博物馆	长安大学
6	港珠澳大桥	港珠澳大桥管理局
7	交通运输部天津水运工程科学研究所大型水动力实验中心(临港基地)	交通运输部天津水运工程科学研究所
8	北京交通大学交通运输科学馆	北京交通大学
9	人民交通出版社股份有限公司	人民交通出版传媒管理有限公司
10	道路绿色照明与安全防灾新材料试验室	安徽中益新材料科技股份有限公司
11	宁波中国港口博物馆	宁波中国港口博物馆
12	广州地铁博物馆	广州地铁集团有限公司
13	上海地铁博物馆	上海申通地铁资产经营管理有限公司
14	中国民航大学博物馆	中国民航大学
15	广西交通设计科普馆	广西交通设计集团有限公司
16	厦门桥梁博物馆	厦门市路桥管理有限公司
17	川藏公路博物馆	四川交通职业技术学院
18	东南大学道路交通工程科普馆	东南大学
19	哈尔滨工程大学船舶博物馆	哈尔滨工程大学
20	西南交通大学陆地交通防灾减灾科普基地	西南交通大学
21	甘肃公路博物馆	甘肃公路博物馆
22	中原地区交通运输安全警示教育基地	焦作市道路运输服务中心
23	江西省交通投资集团高速公路养护科普基地	江西省交通投资集团有限责任公司
24	国能黄骅煤炭能源港口	国能黄骅港务有限责任公司
25	山东港口青岛港自动化集装箱码头	青岛港国际股份有限公司
26	贵州省数字交通创新基地	贵州黔通智联科技股份有限公司

序号	科普基地名称	依 托 单 位
27	中南大学轨道交通科普基地	中南大学
28	内蒙古自治区公路交通科普基地	内蒙古自治区交通运输科学发展研究院
29	江西交通职业技术学院交通智能建造科普馆	江西交通职业技术学院
30	青岛·海底隧道博物馆	青岛国信城市信息科技有限公司

第二节　交通运输科普基地资源条件

一、科普场地

本次调研的 291 家交通运输科普基地,场地总面积达到 989.41 万平方米,每家基地的平均面积为 4.56 万平方米,如图 3-5 所示;室内场馆总面积为 110.97 万平方米,每家基地的平均室内面积为 5902 平方米,远高于《国家交通运输科普基地管理办法》对于场馆面积大于 1000 平方米的要求,说明场馆面积是比较容易达到的指标。同时,其中有将近一半(139 家)的科普基地配备有影视报告厅,总面积达到 59770 平方米,平均每家基地的影视报告厅面积为 430 平方米,可见交通运输科普基地具备较好的影像设施条件。

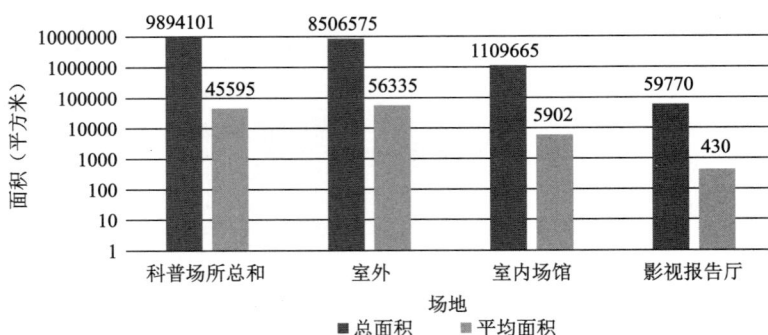

图 3-5　交通运输科普基地场地面积

分不同地区来看科普基地的平均面积,如表 3-11 所示,西部地区科普基地的室内场馆和影视报告厅平均面积最大,分别达到 7528 平方米和 573 平方米,表明西部地区科普基地在场地建设方面投入较大。东部地区和西部地区的室外场地面积较大,这与科普基地的类型和其展示的运输方式等因素有关。

不同地区的交通运输科普基地平均面积(单位:平方米)　　　　　　表 3-11

地　　区	室 内 场 馆	室 外 场 地	影视报告厅
东部	6024	66504	411
中部	3577	34213	316
西部	7528	53142	573

分不同基地类型来看科普基地的平均面积,如表 3-12 所示,生产设施类的室外场馆面积最大,达到 104169 平方米,是其他类型基地的 1.4~2.9 倍;教育科研类的室内场地面积远高于其他类型,达到 7946 平方米,是其他类型基地的 1.6~7.9 倍,同时,其影视报告厅的面积也相对较大。这是由于生产设施类普遍基于较大的室外生产设施建设,而教育科研类多是依托科研单位和高校的科技创新实验室或者科技场馆建设。

不同基地类型的交通运输科普基地平均面积(单位:平方米) 表 3-12

基 地 类 型	室 内 场 馆	室 外 场 地	影视报告厅
教育科研类	7946	39483	509
科技场馆类	4263	73176	365
历史文化类	5107	35913	259
生产设施类	1358	104169	277
其他类	1000	0	0

分依托单位性质来看科普基地的平均面积,如表 3-13 所示,事业单位科普基地的室内场馆和影视报告厅相对较大,分别为 7738 平方米和 522 平方米,明显高于企业和行政单位;企业科普基地的室外场地相对较大,为 91037 平方米,是事业单位的 3.2 倍,是行政单位和社会团体的 59.5 倍和 74 倍,这是因为企业科普基地建设多是结合生产设施或测试场地,室外场地普遍较大。

不同依托单位性质的交通运输科普基地平均面积(单位:平方米) 表 3-13

依托单位性质	室 内 场 馆	室 外 场 地	影视报告厅
行政单位	1565	1530	238
事业单位	7738	28801	522
企业	4360	91037	351
社会团体	0	1230	0

二、科普人员

科普人员是科普活动的组织者、科学技术的传播者,是科普工作的先锋力量和为公众提供科普服务的重要桥梁。按从事科普工作时间占全部工作时间的比例及职业性质,科普人员可以分为科普专职人员和科普兼职人员。其中,科普专职人员是指从事科普工作时间占其全部工作时间 60% 及以上。

从本次调研反馈的 207 家基地科普人员情况来看,如图 3-6 所示,2020 年交通运输科普基地拥有专(兼)职科普人员共计 5173 人,平均每家基地 25 人,比 2019 年增长了 8.7%。可以看到,交通运输科普人员队伍建设取得显著成效,但相比于行业的科普需求还存在着较大的差距。从科普专(兼)职人员的构成来看,专职人员 2123 人,平均每家基地 10 人,兼职人员 3050人,平均每家基地 15 人,专职与兼职人员的比例为 1∶1.44。据统计,2020 年全国科普人员队伍中的专职和兼职人员的比例是 1∶6.28,远高于交通运输科普基地的这一比例。作为科普人员队伍的重要组成部分,科普兼职人员在非职业范围内从事科普工作,同样也在科普事业发展中发挥着十分重要的作用。

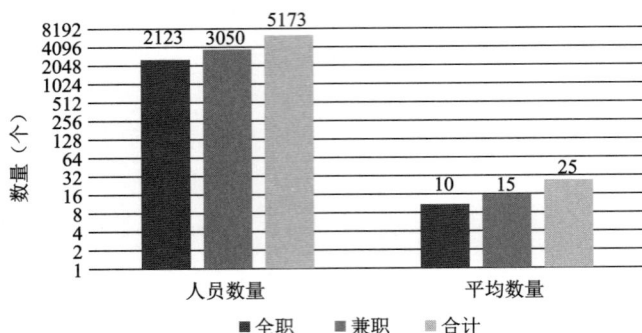

图 3-6　2020 年交通运输科普基地科普人员情况

分不同的基地类型来看,如表 3-14 所示,教育科普类基地平均拥有科普人员 30 名,科技场馆类 24 名,历史文化类 7 名,生产设施类 17 名,其他类 38 名。相比于 2019 年,各类科普基地的科普人员总体有所增长。其中,教育科研类和其他类基地的科普人员配备相对更多。从科普人员的专(兼)职人员比例来看,其他类的兼职人员比例最高,专兼职比达到 1∶8.5;历史文化类其次,专兼职比为 1∶2.5;科技场馆类和教育科研类相对较低,分别为 1∶1.4 和1∶1.3。

交通运输科普基地平均科普人员数量按基地类型分　　　　表 3-14

基地类型	科普人员总数(人)		2020 年		
	2019 年	2020 年	专职人员数量(人)	兼职人员数量(人)	专兼职比
教育科研类	27	30	13	17	1∶1.3
科技场馆类	22	24	10	14	1∶1.4
历史文化类	8	7	2	5	1∶2.5
生产设施类	15	17	6	11	1∶1.8
其他类	34	38	4	34	1∶8.5

三、科普经费

科普经费是科普基地建设的基本保障,是开展各项科普活动的重要保证。目前,交通运输科普经费主要来源包括以下几个方面:各级人民政府的财政支持、国内企事业单位和社会团体的资助、企业自有资金、个人捐赠等。科普支出主要指用于科普场馆的基建支出、科普设备购置、科普活动组织、行政性日常支出等。

从本次调研反馈的 186 家基地科普经费情况来看,如表 3-15 所示,2020 年全国交通运输科普经费投入达 82710 万元,同比增长 139.0%。东部地区的科普经费投入最多,两年的投入占比分别达到 56.9% 和 64.6%;西部地区的投入相对较少,两年的占比分别仅为 4.6% 和12.5%,但增长速度较快,2019—2020 年增长率达到 549.5%。

不同地区交通运输科普基地经费投入情况　　　　表 3-15

地　区	2019 年		2020 年		年增长率（％）
	经费投入（万元）	占比（％）	经费投入（万元）	占比（％）	
东部	19693	56.9	53446	64.6	171.4
中部	13318	38.5	18900	22.9	41.9
西部	1596	4.6	10364	12.5	549.5
总计	34607	100.0	82710	100.0	139.0

从三个地区科普基地的平均投入情况来看，如图 3-7 所示，2020 年，交通运输科普基地平均每个场馆投入 445 万元，中部地区平均每个场馆的投入最高，达到 540 万元，东部地区平均每个场馆投入为 495 万元，西部地区平均每个场馆投入为 241 万元。可以看到，西部地区的科普经费相对较少，多用于科普基地日常运行、科普活动和科普宣传；而中部和东部地区则有更多的资金用于场馆建设、丰富展品等方面。

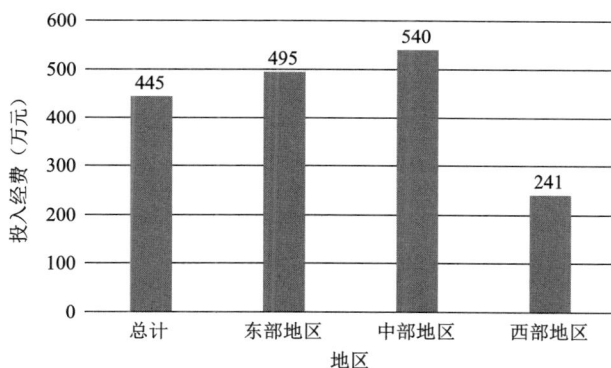

图 3-7　2020 年交通运输科普基地平均经费投入情况（按地区分）

从不同类型基地的平均投入来看，如图 3-8 所示，2020 年，科技场馆类的基地投入最高，为 589 万元；生产设施类和教育科研类差异不大，分别为 417 万元和 412 万元；历史文化类投入最少，为 50 万元。这是因为科技场馆类基地日常费用较高，且要研发科普图书、视频等科普作品；教育科研类基地举办科普讲座、开展科普课题研究；生产设施类基地部分离市区较远且面积较大，组织活动成本相对较高。

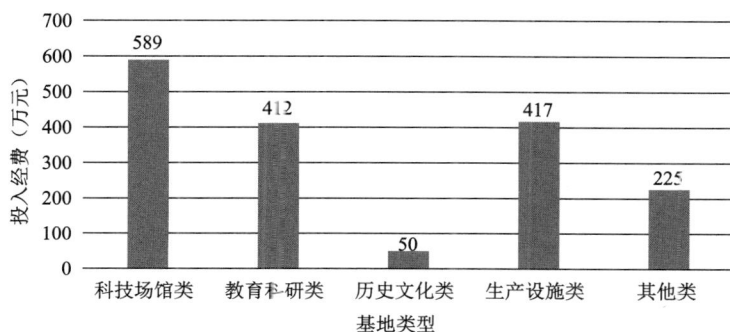

图 3-8　2020 年交通运输科普基地经费平均投入（按基地类型分）

从展示的不同运输方式来看,如图 3-9 所示,2020 年,不同运输方式的交通运输科普基地平均投入经费差异明显。以民航为主要展示方式的基地平均投入最多,为 2930 万元,其中中国民航大学博物馆投入 8000 余万元用于购置新展品;其次是铁路领域,平均每场馆投入 719 万元;两种及以上、水路和城市交通相差不大,分别为 511 万元、484 万元和 426 万元;邮政领域最少为 20 万元。

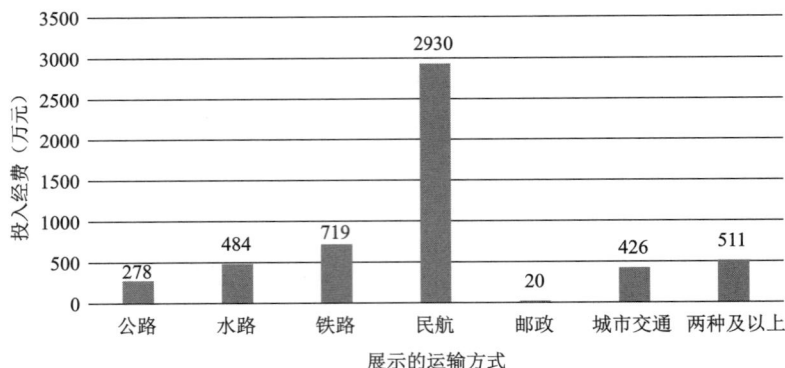

图 3-9　2020 年交通运输科普基地经费平均投入(按展示的运输方式分)

从不同性质的依托单位性质来看,如图 3-10 所示,2020 年平均投入最多的是依托事业单位建设的科普基地,为 558 万元;其次是依托企业建设的,为每基地 358 万元;依托行政单位和社会团体建设的投入较少,分别为 30 万元和 1 万元。这是因为事业单位中的博物馆和高校有财政拨款,而企业建设科普基地有较强的投入意愿。

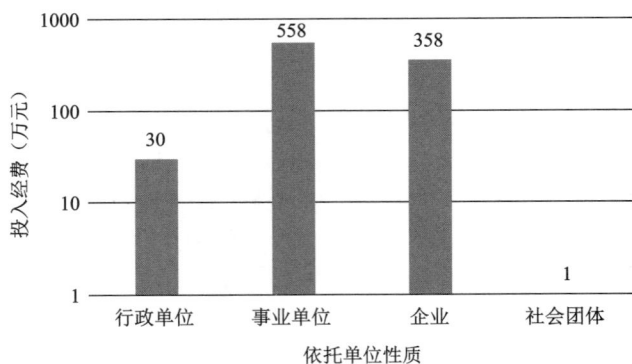

图 3-10　2020 年交通运输科普基地经费平均投入(按依托单位性质分)

第三节　交通运输科普活动开展情况

一、开放情况

从本次调研反馈的 256 家科普基地的开放情况来看,如表 3-16 所示,2019 年和 2020 年对外开放时间在 30 天及以上的基地分别有 236 家和 242 家,所占比例分别达到 92.2% 和

94.5%,表明绝大多数行业科普基地能够达到"年对外开放30天以上"要求。其中,有大约一半的科普基地年开放时间在300天以上,基本能保持正常状态下常年开放,此外,由于受新冠肺炎疫情影响,相比于2019年,2020年"300天以上"的科普基地数量稍有下降。开放天数在100—200天之间的基地数量增加较快,开放天数在30天以下的基地明显减少,可以看出,交通运输科普基地基本具备长期开放的能力和意愿,有效保障了交通运输科普工作的日常开展。

交通运输科普基地开放情况　　　　　　　　　　　　　　　　　表3-16

开 放 天 数	2019 年		2020 年	
	基地数量(家)	所占比例(%)	基地数量(家)	所占比例(%)
30 天以下	20	7.8	14	5.5
30 ~ 100 天	25	9.8	27	10.5
101 ~ 200 天	19	7.4	34	13.3
201 ~ 300 天	64	25.0	65	25.4
300 天以上	128	50.0	116	45.3

分基地类型来看,科技场馆类和历史文化类基地的开放情况较好,年开放时间超过300天的比例分别达到68.0%和77.3%,年开放时间低于30天的,科技场馆类仅占1.0%,历史文化类的没有。教育科研类一般依托科研院所和高校,如果建有单独科普场馆,其开放时间相对能保证,但如果是依托科技资源开展科普活动的话,开放时间会受其自身工作安排的限制,所以开放时间在300天以上的比例仅为20.2%,远低于其他类别的基地,详见表3-17。

不同基地类型的科普基地开放情况　　　　　　　　　　　　　　表3-17

开放天数	教育科研类		科技场馆类		历史文化类		生产设施类		其他类	
	数量(家)	占比(%)	数量(家)	占比(%)	数量(家)	占比(%)	数量(家)	占比(%)	数量(家)	占比(%)
30 天以下	10	9.6	1	1.0	0	0.0	3	11.5	0	0.0
30 ~ 100 天	21	20.2	3	2.9	1	4.5	2	7.7	0	0.0
101 ~ 200 天	23	22.1	7	6.8	1	4.5	2	7.7	1	100
201 ~ 300 天	29	27.9	22	21.4	3	13.6	11	42.3	0	0.0
300 天以上	21	20.2	70	68.0	17	77.3	8	30.8	0	0.0
总计	104	100	103	100	22	100	26	100	1	100

2020年,交通运输科普基地的年平均接待人数为23811人次,其中,年接待人数超过5000人次的比例达到54%,这些科普基地在接待人数上达到了国家交通运输科普基地的基本要求。按科普基地类型分,年接待人次最多的是科技场馆类,为37455人次,这与科技场馆开放时间较长有关;其次是生产设施类,为27646人次;然后是教育科研类和历史文化类,分别是15601和13410人次;最后是其他类,为5800人次。

二、科普活动

科普活动是推动科学技术知识传播和帮助社会公众理解科学的重要手段,这里的科普活动既包括交通运输科普基地在每年全国科技活动周、全国科普日、全国科技工作者日等重要主题日期间举办各类科普活动,也包括科普基地结合特色科普资源开展的形式多样的主题科普活动,如科普进社区、进校园、进乡村等"走出去",青少年科技夏(冬)令营、科普研学、社会实践、科普报告、讲座、论坛等,以及利用新技术手段提供互动讲解或线上虚拟展示等服务。

从本次调研反馈的近 100 家科普基地的科普活动情况来看,如图 3-11 所示,2019—2021年交通运输科普基地共开展科普活动 9117 次,其中 2019 年 4195 次,平均每个科普基地 46次;2020 年 2788 次,平均每个科普基地 29 次;2021 年 2134 次,平均每个科普基地 26 次。可以看出,2019 年交通运输科普基地平均可保证每周开展一次科普活动;受新冠肺炎疫情影响,2020 年、2021 年科普活动次数有所下降,但也可以保证平均每两周举办一次。

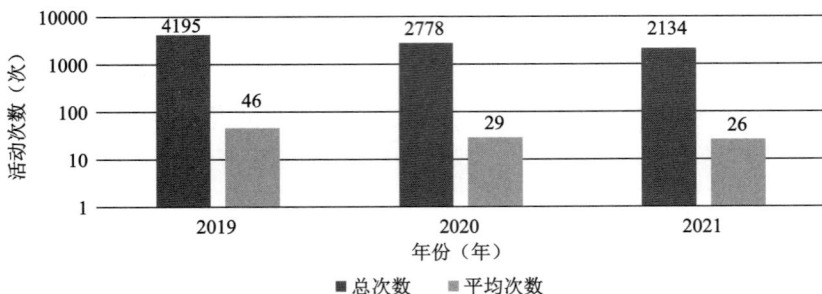

图 3-11 2019—2021 年交通运输科普基地科普活动次数

从不同基地类型的平均科普活动次数看,如图 3-12 所示,其他类每年活动次数均处于领先位置;生产设施和教育科研类科普基地受新冠肺炎疫情影响较大,连续三年呈下降趋势;科技场馆类科普基地 2020 年平均科普活动次数较 2019 年下降了 21.9%,但 2021 年不仅迅速恢复至疫情前的水平,且平均增长了 1 次,这得益于新冠肺炎疫情期间"互联网 + 科普"手段的丰富,线上科普活动广泛开展。

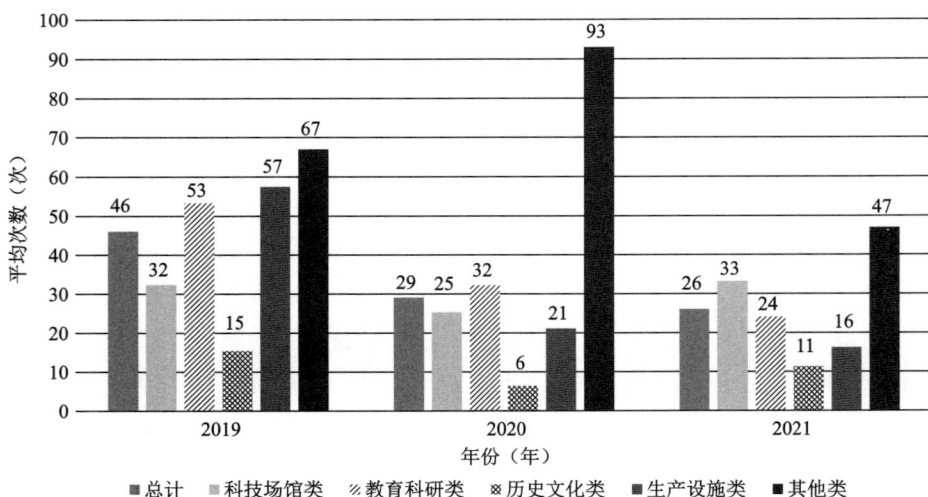

图 3-12 分基地类型的平均科普活动次数

三、科普作品

从调研的近100家科普基地的反馈情况来看,交通运输科普基地的科普作品创作热情较高,主要包括科普文章、科普书籍和科普视频三类。如表3-18所示,科普基地创作科普文章累计5043篇,阅读次数达1087万次,平均每篇阅读量2155次;出版科普书籍累计308部,累计发行1295万本,平均每部发行4.2万本;制作科普视频81166部,观看达17171万次,平均每部观看2116次。随着短视频软件发展,科普视频成为科普创作的主要方向,虽然与科普文章平均阅读量差距不大,但作品量遥遥领先。因创作科普图书要求内容体系相对完整,同时需要文字科普化、配图等工作,创作难度在三类中最高,但一旦出版,单品传播效果远超其他两类。

交通运输科普基地科普作品创作和传播情况   表3-18

作品类别	指　　标	数　　量
科普文章	数量(篇)	5043
	阅读量(万次)	1087
	平均阅读量(次/篇)	2155
科普书籍	数量(部)	308
	发行量(万本)	1295
	平均发行量(万本/部)	4.2
科普视频	数量(部)	81166
	观看量(万次)	17171
	平均观看量(次/部)	2116

从不同类型基地的平均创作科普作品数量和传播情况看,如表3-19所示,其他类科普基地创作的科普文章和科普书籍最多,其中科普书籍发行量远超另外三类基地,因为这里的其他类是出版社。科技场馆类科普基地平均创作的科普文章和科普视频最多,每篇文章的阅读量也远高于其他类型的科普基地,这是由于科普场馆一般都有专门的公众号进行相关科普知识的宣传。

不同基地类型的科普作品创作和传播情况   表3-19

基地类型	科普文章		科普书籍		科普视频	
	数量 (篇/基地)	阅读量 (次/篇)	数量 (部/基地)	发行量 (本/部)	数量 (部/基地)	观看量 (次/部)
教育科研类	50	380	3	1386	12	622
科技场馆类	72	7289	5	905	2292	2110
历史文化类	25	120	5	500	3	1234
生产设施类	10	4459	4	1700	3	35692
其他类	777	970	70	174251	310	2677

四、科普宣传渠道

科普宣传渠道主要指的是线上宣传的手段,如网站、各大网络平台账号(如微信公众号、短视频账号)等,是科普基地传播科学技术知识、树立品牌的重要阵地。

近年来,交通运输科普基地广泛拓展线上宣传渠道,宣传渠道涵盖网站、微信公众号、短视频平台、微博等,共开设不同种类的宣传渠道304个。其中,微信公众号和网站的数量最多,短视频平台账号数量较少。

从不同基地类型来看,各类交通运输科普基地使用的科普宣传渠道较为全面,教育科研类和科技场馆类科普基地拥有的宣传渠道较多,主要集中在网站和微信公众号,详见表3-20。

不同基地类型的交通运输科普基地科普宣传渠道数量(单位:个)　　　表3-20

基 地 类 型	网　　站	微信公众号	短视频平台	微　　博	其　　他
教育科研类	50	52	19	22	18
科技场馆类	26	27	14	10	9
历史文化类	1	3	3	1	2
生产设施类	9	10	7	8	8
其他类	1	1	1	1	1
总计	87	93	44	42	38

第四节　交通运输科普基地发展的主要问题

基于以上数据分析,可以看到各地交通运输科普基地已经成为交通科普工作开展的重要社会力量,但随着社会公众科学素质的不断提高,对科普基地的数量、质量和服务水平的需求日益增多,科普基地建设存在的问题也凸显出来。主要体现在以下六个方面。

1. 科普基地重要性认识不到位,政策和资金支持有待加强

新时代新形势要求交通运输科普事业的发展要大力提升社会动员能力,更广范围、更大程度地调动和聚集行业优势科普资源。但目前整个交通运输行业对科普基地的内涵、定位和功能的理解还不够清晰准确,对于科普基地在科普事业中的平台和载体作用还认识不到位。

同时,科普基地也缺少必要的政策和资金支持。目前,除了国家交通运输科普基地,省一级交通运输主管部门和行业学会(协会)也开展一些地区性或专业性的科普基地认定工作,但缺少更为有力的政策支持。在资金支持方面,科技部和中国科协的科普经费已列入财政预算,但交通运输部层面尚未设立科普专项资金,难以在行业内发挥"催化剂"作用。

2. 科普基地总量不足,地区间发展不均衡

从总量来看,交通运输科普基地的数量还远不能满足科普工作的实际需求,满足不同地区、不同对象科普需求的多级别、多层次、分专业领域的科普基地体系尚未形成。同时,科普基地的发展和区域经济发展水平有着非常密切的关系,科普基地主要集中在经济水平较高的东

部地区以及中西部地区的省会城市,西部地区的科普基地数量偏少,带动力和辐射力明显偏弱。

3.科普展示手段单一,科普服务能力有待提升

目前,交通运输科普基地偏重基础设施场馆的建设,展示内容与科技创新发展结合不紧密,科学展示设计创意水平不高,展示手段以展板为主、实物模型为辅,稍好一些的增加视频演示等内容,真正具有互动功能的沉浸式体验性展品实属凤毛麟角。部分科普基地建成后,不注重后期的投入和管理,科普设施不及时更新,机制执行不到位,影响了科普基地的可持续发展。

4.科普人员队伍总量不足,且整体素质有待提高

科普人员队伍是科普基地的生命和活力所在,是科普活动的策划者和实施者,是科普服务的提供者和践行者。交通运输科普基地的专(兼)职科普人员总量不足,结构不合理,知识结构相对老化,且在科学展示方案研究、参观路线设计、科普活动策划、现场讲解等方面的素质都有待提高。

5.科普活动特色不鲜明,品牌活动数量较少

除场馆展品的参观体验外,定期或不定期举办各类科普活动也是科普基地推动科学技术知识传播的重要手段。目前,交通运输科普基地组织的科普活动同质性较强,对本地区、本领域、本基地的资源挖掘不够,活动特色不鲜明,具有一定知名度的品牌活动数量较少,社会影响力和辐射力有限。

6.科普创作能力有待提升,积极创作的氛围尚未形成

原创性科普作品的创作和出版是科普工作的核心内容,也是科普基地内在竞争力的重要体现。由于科普作品的创作要求较高的专业知识水平和科普创作技能,且目前行业管理部门和各有关单位缺乏对于科普创作的激励政策和措施,科普作品相比于科研成果而言,在职称评审方面的扶持力度较弱,难以吸引诸多科研人员和科普工作者积极投身科普创作,行业积极开展科普创作的氛围尚未形成。

第四章

交通运输科普基地发展需求、思路与优化措施

在《关于新时代进一步加强科学技术普及工作的意见》等国家科普工作的战略部署下,在《交通领域科技创新中长期发展规划纲要(2021—2035 年)》等交通领域科技创新发展等重要布署下,行业科普工作面临着全新的机遇和挑战,也对科普基地建设提出更高的要求和标准。本章将从交通运输科普基地需求分析出发,结合行业发展现状,研究提出交通运输科普基地的建设思路,并对国家交通运输科普基地有关工作提出建议。

第一节　交通运输科普基地发展需求分析

一、新时代国家科普工作的整体要求

面对国际国内纷繁复杂的新形势,加快构建新发展格局,推动高质量发展,需要充分发挥科学普及在创新发展中的基石作用。国家层面颁布出台了《中华人民共和国科学技术进步法》(2021 年修订)、《"十四五"国家科学技术普及发展规划》《全民科学素质行动规划纲要(2021—2035 年)》和《关于新时代进一步加强科学技术普及工作的意见》等一系列科普相关文件,明确了科普工作的总体原则、发展目标和主要任务,主要提出了以下四个方面的工作要求。

一是认识到科普是全社会的共同事业。科普工作覆盖了经济建设、科学技术、教育文化、人民生活的方方面面,与有关部门、企业、学校及科研机构、广大科技工作者乃至每个公民都有密切关系,需要社会各方共同参与、共同完成。科技工作者要发挥自身优势和专长,积极参与和支持科普事业,自觉承担科普责任。运用公众易于理解、接受和参与的方式开展科普,大力弘扬科学家精神,恪守科学道德准则,为提高全民科学素质作出表率。公民要积极参与科普活动,把提升科学素质、掌握和运用科技知识作为终身学习重要内容,自觉抵制伪科学、反科学等不良现象。推动构建政府引导、社会参与、信息化支撑、市场化运行的大科普工作格局。

二是强化各个关键部门的主体责任。强调各级党委和政府要履行科普工作领导责任,把科普工作纳入国民经济和社会发展规划、列入重要议事日程,与科技创新协同部署、推进;要求

各行业主管部门履行科普行政管理责任,各级科学技术行政部门要强化统筹协调,加强科普规划和督促检查;各级科学技术协会要发挥科普工作主要社会力量作用,强化科普工作职能,提供科普决策咨询服务;各类学校和科研机构要强化科普工作责任意识,发挥自身优势,加大科普资源供给;企业要履行科普责任,促进科普工作与科技研发、产品推广、创新创业、技能培训等有机结合;各类媒体要发挥传播渠道重要作用,主流媒体要发挥示范引领作用,加大科技宣传,增加科普内容;新兴媒体要强化责任意识,加强对科普作品的科学性审核。

三是促进科学普及与科技创新协同发展,推动形成新时代科学普及与科技创新两翼齐飞、协同发展的良好局面。强调新时代科普工作要聚焦"四个面向"和高水平科技自立自强,全面推动科普供给侧结构性改革。发挥科技创新对科普工作的引领作用。大力推进科技资源科普化,加大具备条件的科技基础设施和科技创新基地向公众开放力度;在国家科技计划的组织实施中加强与科普工作衔接和系统部署;积极利用科普方式,宣传国家科技发展重点方向和科技创新政策,引导社会形成理解和支持科技创新的正确导向,为科学研究和技术应用营造良好氛围。发挥科普对于科技成果转化的促进作用。聚焦战略导向基础研究和前沿技术等科技创新重点领域开展针对性科普。运用科普引导社会正确认识和使用科技成果,让科技成果惠及广大公众。鼓励在科普中率先应用新技术,营造新技术应用良好环境。推动科技成果转移转化示范区、高新技术产业开发区等,搭建科技成果科普宣介平台,推动科技成果转化。

四是坚持以人民为中心,通过全面提升科普工作切实满足人民群众日益增长的对美好生活的向往。推动公众理解科学,调动社会力量参加科普,引导社会形成理解和支持科技创新的正确导向,使蕴藏在亿万人民中间的创新智慧充分释放,不断提升公众的幸福感和获得感。加强科普领域舆论引导,坚持正确政治立场,强化科普舆论阵地建设和监管;增强科普领域风险防控意识和国家安全观念,建立科技创新领域舆论引导机制,掌握科技解释权;坚决破除封建迷信思想,反对伪科学、反科学,打击假借科普名义的抹黑诋毁等活动。加强民族地区、边疆地区和欠发达地区科普工作,组织实施科技下乡入村进户等科普活动;并提出促进科普对外交流合作,健全国际科普交流机制等。

二、交通运输领域科技创新和科学普及的重点任务

为深入贯彻党中央关于加快建设科技强国、交通强国的战略部署,充分发挥科技创新对加快建设交通强国的支撑和引领作用,交通运输部和科技部联合发布了《关于科技创新驱动加快建设交通强国的意见》《交通领域科技创新中长期发展规划纲要(2021—2035年)》《"十四五"交通领域科技创新规划》等纲领性文件,明确了未来十五年我国交通运输科技创新工作的指导思想、基本原则和发展目标,并对重点任务作了系统布局。交通运输科普服务能力是科技创新能力的重要体现,提升交通运输科普服务能力是强化科技创新体系建设的重要内容。交通运输科普工作要从以下四方面入手:

一是依托交通运输重大工程、综合交通枢纽设施、重点科技创新平台、科技场馆等科普资源,建设高水平国家交通运输科普基地,提升科普基地服务能力。

二是围绕交通运输重点领域及重点科研项目创作优质科普作品,加强科普图书规划,依托科技活动周、中国航海日等开展系列主题科普活动。

三是推动科普与科技创新融合发展,发挥科学家和工程技术人员在科普传播中的主力军

作用,推动技术研发、成果推广、教育培训与科普宣传有机结合,充分利用新一代信息技术提升交通运输科普服务和传播能力。

四是在行业和地方科技规划和行动计划中明确科普任务,研究推动交通运输各领域全民公共应急科普工作。

三、加强交通运输科普基地建设的必要性

科普基地是开展社会性、群众性、经常性科普活动的重要场所,是弘扬科学精神、普及科学知识、传播科学思想和科学方法的主要载体,是培训科普人才、开发科普产品的重要机构,是科普事业的重要组成部分。科普基地的建设是科普工作的供给侧,公众的参与是科普工作的需求侧,两者相互支撑,共同推进科普事业的发展。

加强交通运输科普基地建设,是有效提升行业科普服务能力的重要抓手。通过打造"横向到边、纵向到底"的立体科普网络,建设一批有亮点、有特色的科普基地,让科普工作更"接地气、聚人气"。科普基地要创新科普方式、丰富科普内容、提升科普能力,做好社会性、群众性、经常性科普工作,将科普工作和自身事业有机结合起来,发挥独特优势,促进自身提档升级。

第二节　交通运输科普基地建设思路

1. 强化科普发展的使命担当,提升科普基地重要性的认识

贯彻落实习近平总书记关于科普工作的重要指示精神,组织行业有关政府部门和企事业单位深入学习落实《关于新时代进一步加强科学技术普及工作的意见》,聚焦交通强国建设和科技创新发展重要任务,强化交通运输科普发展的战略任务和使命担当,推动构建的全行业共同参与的大科普格局。深刻理解科普基地的平台和阵地作用,提升对科普基地重要性的认识,切实发挥科普基地在培育科学精神、培养科技创新人才、营造社会创新氛围等方面的重要作用。

2. 优化科普基地宏观布局,实现科普公共服务均衡发展

依托交通运输教学、科研、生产和服务等科技科普资源,支持和鼓励高等院校、科研院所、职业技术学校、生产经营单位、科技场馆、科研创新平台等各类主体积极参与科普基地建设,不断优化交通运输科普基地宏观布局,逐步形成以国家交通运输科普基地为龙头,地方交通运输主管部门和行业学会(协会)共同参与,各级各类科普基地协调发展、全面覆盖、门类齐全、布局合理的科普基地发展体系,促进交通运输科普公共服务均衡发展。

3. 推动科普基地创新发展,全面提升科普服务能力

一是加强科普与科技创新的深度融合,大力推进行业科技资源科普化,紧密结合大型科研仪器设备共享、前沿科学技术政策宣贯、先进科技创新成果推广等工作。二是加强科普场馆的软硬件设计,根据科普受众对象,有针对性地进行展示场地布置、设施设备开发、参观路线设计

等,并增设可供公众参与、体验和互动的、以传播和学习知识为主的科普设施,来提高科普的趣味性与参与性。三是充分利用信息技术,深入推进科普信息化发展,大力发展线上科普。

4. 加强科普资源开发,打造特色科普品牌

一是在科普基地常态化开放的基础上,结合基地特点和优势以及公众实际需求,积极开展特色鲜明、成效突出的主题性科普活动。二是鼓励科普基地开展科普文章、书籍和视频等原创性科普作品的创作,加大对优秀科普作品的推广力度,持续提升科普作品原创能力。三是加强科普主题创意文化产品开发,实现功能性、知识性和艺术性的有机结合。

5. 加强科普人才队伍建设,完善志愿者服务体系

一是优化科普人才发展政策环境,畅通科普工作者职业发展通道,合理制定专职科普工作者职称评聘标准。二是加强高端科技人才参与科普的责任感和荣誉感,积极发挥科学家和工程技术人员在科普传播中的主力军作用。三是广泛开展科普能力培训,依托高等学校、科研院所、科普场馆等加强对科普专业人才的培养和使用。四是加强科普志愿服务组织和队伍建设,培育一支专兼结合、素质优良、覆盖广泛的科普工作队伍。

6. 优化国家交通运输科普基地认定,科学引领行业科普基地全面发展

持续优化国家交通运输科普基地的申报、评审和认定工作,扩大申报范围,科学确定评审指标和标准,严格规范认定工作流程,通过"以评促建、以评促管",让行业广泛深刻地理解科普基地的内涵、定位和功能,吸引更多的社会主体积极参与到科普基地建设和科普事业发展中,充分发挥国家交通运输科普基地的示范、引领和带动作用,从而科学引领行业科普基地的全面发展。

第三节　国家交通运输科普基地评价工作优化

一、现行国家交通运输科普基地评价指标

国家交通运输科普基地作为行业最高级别科普基地,评选和命名受到行业和社会的广泛关注,这就要求有一套科学、公正、合理的评价指标,不仅需涵盖申报基地的软硬件数量、规模、管理使用情况、科普活动和效益,同时还要体现基地示范指导意义和发展潜力,以及为提升交通运输科普基地设施发展水平、促进交通运输部科普工作提供服务的能力等方面。

为指导国家交通运输科普基地申报与评审,科学客观地开展认定相关工作,在交通运输部科技司的指导下,根据《国家交通运输科普基地管理办法》,国家交通运输科普基地管理办公室制定了国家交通运输科普基地评价指标,见表4-1。

国家交通运输科普基地评价指标　　　　　　　　　　　　　表4-1

一级指标	二级指标	评 价 内 容
综合特色	基地主题	申报内容是否与交通运输科普主题相符
	基地特色	基地特色是否突出(如支撑国家战略、推动科技人文交流、服务重点区域、展现交通精神等)

续上表

一级指标	二级指标	评价内容
科普资源	科普队伍	科普专、兼职人员队伍是否充足、稳定
	科普场所	科普展示场所面积是否符合办法要求(科技场馆面积原则应在1000平方米以上)
	科普经费	科普经费收入是否充足、稳定
	宣传方式	基地对外宣传渠道(网站、网页、微博、微信等)是否畅通、稳定;开发的科普产品是否切题、新颖、效果好
科普展示	开放时间	每年对外开放时间是否符合办法要求(具备常年开放条件的科技场馆,每年向公众开放的天数不少于200天)
	公众接待	每年接待公众人次是否符合办法要求(科技场馆年接待量原则应在10000人以上)
	展示内容	科普展示内容体系是否完整;展示的知识是否准确,信息量是否丰富;科普解说词是否生动清晰;展示手段是否丰富、先进
科普活动	活动内容	是否具有固定的交通运输特色科普活动;参与科技周等重大活动是否积极
	活动形式	活动形式是否丰富多样;展示手段是否具有互动性和趣味性
	活动效果	活动效果是否显著
科普管理	工作制度	科普工作管理制度、规划或计划是否完备
	认定情况	是否已获行业或地方科普基地认定
	获奖情况	获国家、省部级和国际组织嘉奖情况

评价指标包括基地5个一级指标、15个二级指标。在5个一级指标中,综合特色指标主要考查申报基地主题是否与交通运输科普主题相符,基地特色是否在支撑国家战略、推动科技人文交流、服务重点区域、展现交通精神等方面表现突出;科普资源指标主要考查申报基地科普队伍中专(兼)职科普人员是否充足、稳定,室内外科普场所是否达到了《国家交通运输科普基地管理办法》的要求,科普经费是否充足、稳定,基地对外宣传渠道(网站、网页、微博、微信等)是否畅通、稳定以及开发的科普产品是否切题、新颖、效果好;科普展示指标考查申报基地是否对外开放,且开放时间和每年接待公众人次是否达到了《国家交通运输科普基地管理办法》要求,科普展示内容体系是否完整,展示的知识是否准确,信息量是否丰富,科普解说词是否生动清晰,展示手段是否丰富、先进;科普活动指标考查申报基地是否具有固定的交通运输特色科普活动,参与科技周等重大活动是否积极,活动形式是否丰富多样,展示手段是否具有互动性和趣味性,活动效果是否显著;科普管理指标主要考查申报基地科普工作管理制度、规划或计划是否完备,是否已获行业或地方科普基地认定,获国家、省部级和国际组织嘉奖情况。

指标体系从多角度、多侧面评价基地申报单位的现状、发展趋势和功能实现情况,能够全面、科学、有效地反映基地申报单位的情况,为开展交通运输科普基地的评价与命名工作提供有效服务和参考。

二、现行国家交通运输科普基地评价方法

根据《国家交通运输科普基地管理办法》规定,国家交通运输评审程序分为材料评审和现

场评审两个阶段。申报单位通过材料评审后,方可进入现场评审。现场评审重点核实申报材料是否与实际相符,并形成最终评审结果及命名建议。在制定评审方案时,材料评审原计划采用专家现场审阅申报表结合基地答辩的方式开展,但受新冠肺炎疫情影响,2022年前命名的两批基地申报时除申报表外,还要求提交不超过5分钟的自动播放的演示文稿和不超过5分钟的典型科普活动视频作为专家打分依据。

在实际评审过程中,因申报材料较多,为提高会议评审效率,材料评审分为初审和会审两个环节。初审采用专家提前审阅材料和集中评议打分相结合的方式。每位专家提前审阅部分申报材料,主评专家在集中评议时听取重点介绍,专家组可根据需要观看申报视频,并根据评价指标进行评价打分,最后根据得分排序提出进入会审的基地名单建议。会审专家按照科技场馆、教育科研、生产设施、历史文化、其他共5类分别审阅申报材料、观看演示文稿及典型活动视频,按照评分指标进行打分排序,并提出列入现场评审的基地名单建议。

现场评审由工作组在核查申报材料真实性和科普活动现场效果等内容的基础上,经质询答疑,形成现场评审意见,并对通过现场评审的基地提出工作建议。

三、国家交通运输科普基地评价工作建议

经过两批国家交通运输科普基地评审,当前评价指标体系和评价方法可为国家交通运输科普基地评审提供较为可靠的指导作用,30家国家交通运输科普基地的各项条件在所有申报基地中均较为领先,评审结果得到交通运输部、科技部领导和参与评审专家的一致认可。与此同时,也存在一些问题:

一是评价指标已不能完全适应国家对科普工作的新要求。《关于新时代进一步加强科学技术普及工作的意见》和《"十四五"国家科学技术普及发展规划》中在科普基础设施建设布局、科普作品创作、科普活动组织、科普人才培养、科普宣传渠道拓宽等方面对科普工作提出了更高的要求,当前评价指标已不能完全反映。

二是不能反映不同类型基地的特点。从本书第三章可以看出,不同类型、不同性质依托单位的基地有不同的优势和发展侧重,仅一套指标很难充分体现出不同类型基地的特点,可能造成在评审中某类基地具有特别的优势而去挤占其他类基地名额的情况。

三是部分指标可进一步细化。目前评价指标中有的二级指标存在一个指标包含多个评价内容的情况,如"展示内容"就包含了科普展示内容体系的完整性、知识的准确性、信息量是否丰富,科普解说词是否生动清晰和展示手段是否丰富、先进等多项内容;同时,各项指标的打分区间可进一步细化。

四是现场评审缺少量化考核内容,现场评审是专家对申报基地各项内容的一个直观、感性的认识,同时也是对基地各项工作的系统考查,不应仅核实基地申报材料的真实性。

在此作者提出构建新评价指标的原则,具体指标的构建和评价方法的优化后续研究进行。

一是指导性原则。交通运输科普基地评价指标是服务于国家交通运输科普基地的评审和命名工作,同时作为各级交通运输科普基地创建的指导性指标。要全面体现国家、行业科普工作最新要求,鼓励创建单位向着正确方向和目标前进,以此体现并发挥国家交通运输科普基地命名工作对科普基地发展的指导作用。

二是科学性原则。国家交通运输科普基地评价指标应由国家和社会权威机构确定的、具

有准确定义的,要客观地反映交通运输科普基地的特征、功能和水平,同时指标相关数据要准确客观,获取手段与方法先进、科学。

三是系统性原则。国家交通运输科普基地评价指标要全面反映基地科普工作的各个方面,同时针对不同类型、依托单位性质基地进行"量体裁衣"。

四是可操作性原则。国家交通运输科普基地评价指标和评价方法要切实可行,易于操作和监督检查。指标数据要易于统计或评测。评价指标数量不宜过多,对于结果影响较小的指标要去掉或减少。

下篇
交通运输科普基地
建设实践

第五章

科技场馆类交通运输科普基地建设

科技场馆类交通运输科普基地是指展览馆、科技馆等展示宣传交通运输领域科技知识及优秀成果的场馆、场所。

第一节 中国航海博物馆

一、科普基地概况

中国航海博物馆是经国务院批准设立的国家级航海博物馆,由交通运输部和上海市人民政府共同建造。馆址位于上海市浦东新区临港新片区,建筑物占地面积24830平方米,建筑面积46434平方米,室内展示面积21000平方米,室外展示面积6000平方米。

作为我国规模最大、等级最高的综合性航海博物馆,中国航海博物馆主要功能包括文物收藏、学术研究、社会教育、陈列展示、科普教育等。整体展示以"航海"为主线、"博物"为基础,分设航海历史、船舶、航海与港口、海事与海上安全、海员、军事航海六大展馆(图5-1)、海洋、航海体育与休闲两个专题展区,并建有天象馆、4D影院和儿童活动中心。全馆共展出文(实)物近3000件,通过全面展示我国航海事业发展的昨天、今天和明天,努力弘扬中华民族灿烂的航海文明和优良传统,发扬"热爱祖国、睦邻友好、科学航海"精神,营造良好的文化氛围。

在航海博物馆设有的专题展区中,海洋展区(图5-2)是2021年全新打造的自然类常设展区,分为蓝色星球、多彩生命、水中宝库、守护蔚蓝四部分,分别从海洋地理、海洋生物、海洋开发、海洋保护等方面科普海洋自然知识,并辅以海洋人文内容。航海体育与休闲专题展区(图5-3)主要展出与航海体育、休闲相关的帆船、帆板、摩托艇、皮划艇、赛艇等实物及模型。

a)航海历史馆　橹和桨

b)船舶馆　"东风"号货轮模型和螺旋桨

c)航海与港口馆　"上海洋山深水港"沙盘模型

d)海事及海上安全馆　潜水钟和减压舱

e)海员馆　互动展项航海模拟器

f)军事航海馆　仿真033型潜艇第三舱

图 5-1　博物馆六大展馆

图 5-2　海洋展区　北极狼和企鹅标本

图 5-3　航海体育与休闲专题展区

自开馆以来,中国航海博物馆每年接待到馆观众逾 30 万人次,开放天数 310 天以上。凭借展览展示、社教活动、优质服务等,成功入选"全国科普教育基地(2016—2020)""全国中小学生研学实践教育基地""上海市爱国主义教育基地""上海市专题性科普场馆"等,并荣获"推进公民科学素质示范单位""航海文化贡献奖"等奖项,连续多年上海市科普基地综合评价考核优秀。2021 年,入选首批"国家交通运输科普基地"。

二、科普特色及典型活动

近年来,中国航海博物馆聚焦特色品牌,坚持"年年举办、年年抓提升"的发展思路,在持续做好"四季三赛一节"活动品牌的基础上,积极联系社会各界,广泛整合资源,共同创新打造独特系列的科普活动品牌,不断满足人民群众需求。

(1)持续打造"四季三赛一节"特色品牌活动。"四季"活动即"祈愿季、赏船季、航海季、感恩季"等季度主题活动,结合国家法定节假日等假期举办"升帆祈福迎新年""海上游园会""海上音乐会"等活动。"三赛"活动即每年高质量举办"上海市青少年建筑模型锦标赛""上海市航海模型公开赛""中国航海博物馆模型设计制作竞赛"三大赛事。"一节"活动即在每年 7 月 5 日至 7 月 11 日举办持续一周的"航海生活节"系列活动,联合各大涉海类博物馆、高校、港航企业、公益组织等,通过展览、讲座、互动体验,向公众多维度、多视角、多形式宣传普及航海科技、文化、生态等,该活动已持续举办五年。

(2)开展"馆校合作"。自 2017 年起与上海市教委联合开展"馆校合作"项目,围绕"开发一批航海课程、培训一批科技教师、培养一群创新学生"的目标,通过微课题研究员、科学诠释者、科普小作家、博老师研习会、校本课程开发、文化服务包、航海研学实践 7 个子项目,中国航海博物馆已与近百所学校签订了合作共建协议,开展了广泛深入的合作,形成了一批可复制可推广的合作模式。

(3)承接"全国中小学生研学实践基地"活动。2017 年,中国航海博物馆被教育部列为第一批"全国中小学生研学实践教育基地"。根据教育部要求,结合博物馆实际,博物馆策划研学实践方案,边探索边完善,不断提升水平和能力,2018 年被评为"中国研学·金研奖——人气研学基地",也是上海入选全国前 50 强的唯一一家单位。

(4)搭建"全国性船模大赛"平台。中国航海博物馆主办了全国"第一届中式木帆船模型展评大赛",开创性地制定了《定制船模评定标准》《中式木帆船模型建造考证指南》,指导来自全国 9 个地区的近百艘船模参赛,并组织 40 余艘船模举办展览。

(5)参加服务"长三角区域一体化发展"相关平台。作为"一市三省"八家发起单位之一,中国航海博物馆组建了长三角科普场馆联盟,形成一批合作项目并着手实施;作为上海博物馆教育联盟发起成员之一,从参与博览会到信息发布、教育、研究、评估多方位积极合作,业界影响力不断提升。

(6)发挥线上科普传播优势,开发新媒体科普产品。2020 年起,与腾讯、新浪、网易、人民网、新华社等合作开展网络直播,开展"云游中国航海博物馆"活动;打造"一分钟看展"短视频系列,通过微信视频号、抖音、哔哩哔哩网站等视频渠道进行发布;录制"听科普""听海帆远影"等音频系列,将书本知识进行数字转化,在喜马拉雅、微信公众号等广泛传播,让观众足不出户就能享受航海文化盛宴。

专栏 5-1 中国航海博物馆"航海奇妙之旅"活动

"航海奇妙之旅"活动是中国航海博物馆的精品教育项目,自 2019 年 2 月举办以来,共计开展 100 余场次,受到广大青少年的喜爱。活动针对有 5~14 岁儿童的亲子家庭和小型团队开设,包含 8 个主题,由角色扮演、主题讲解、知识竞赛、手工活动、游戏竞技等多个环节构成,能让孩子们在轻松愉悦地学习探索、实践体验过程中收获航海、海洋的相关知识,培养自主动手能力、表达沟通技巧和团队协作精神。活动频率为每月 1~4 场,每场活动预留 10 组家庭名额,活动时长 1.5~2 小时。招募信息发布于易班博雅网站和中国航海博物馆官方微信公众号,观众可在中国航海博物馆官方微信公众号指定入口报名参与。

中国航海博物馆"航海奇妙之旅"活动,紧扣海洋强国战略主题,体现中国航海博物馆航海特色,针对不同年龄段、不同兴趣侧重的儿童设计了多项活动主题供自主选择,活动流程设置丰富而合理,充满趣味性,实操性强,能让孩子们在活动过程中收获航海相关知识,实施效果良好。

1. 主题一:登福船,揭开中国古船不沉之谜

参与对象:5~10 岁儿童。

活动目标:了解古船诞生发展脉络和传统木船建造技术。

活动过程:实施人员和参与观众穿戴中国古代传统服饰,参观航海历史馆"古代航海史"展区、登上中央大厅明代福船开展互动游戏——"海盗在哪里"趣味桌游,完成手工制作——"绿眉毛"木制船模。

2. 主题二:探秘中国海军发展史

参与对象:10~14 岁青少年。

活动目标:了解中国海军从无到有不断壮大的发展历程和大国重器——中国第一艘航空母舰辽宁舰的相关知识。

活动过程:实施人员和参与观众分别换上船长服和海魂衫,参观军事航海馆、中央大厅船模展区、辽宁舰船模,开展互动游戏——"航母 style"手势演练,完成手工制作——3D 辽宁舰纸船模。

---

3. 主题三：跟着郑和下西洋

参与对象：5～10岁儿童。

活动目标：了解明朝郑和下西洋的时代背景、航行路线和历史意义。

活动过程：实施人员和参与观众穿戴中国古代传统服饰，参观航海历史馆"郑和下西洋"展区，登上中央大厅明代福船，开展互动游戏——转呼啦圈比赛、古船寻踪、学打水手结，完成手工制作——黏土制作航海主题装饰物。

4. 主题四：过农历年，体验传统文化

参与对象：5～10岁儿童。

活动目标：了解新年中国传统节日习俗和中国"渔"文化。

活动过程：实施人员和参与观众穿戴中国古代传统服饰，参观"渔船与捕鱼"专题展区，登上中央大厅福船，开展互动游戏——水手绳结观摩体验，完成手工制作——剪窗花、中国结、"鲨"涂色。

5. 主题五：海上安全逃生，不得不学的技能

参与对象：5～10岁儿童。

活动目标：了解海上应急救生设施和海上遇险时的正确自救技巧。

活动过程：实施人员和参与观众分别换上船长服和海魂衫，参观中央大厅福船、船舶馆"应急救生设施设备"展区，体验海员馆"航海模拟器"互动展项，开展互动游戏——团队合作之摸石头过河，完成手工制作——黏土制作泰坦尼克号船模和救生圈。

6. 主题六：探秘海上丝绸之路

参与对象：5～10岁儿童。

活动目标：了解中国古代丝绸之路兴起和发展历程和其历史意义。

活动过程：实施人员和参与观众穿戴中国古代传统服饰，参观中央大厅福船、船舶馆"传统木船建造"展区，开展互动游戏——交换货物、"世界上的国家"益智桌游，完成手工制作——彩绘瓷盘。

7. 主题七：来灯塔许个新年愿望

参与对象：5～12岁儿童。

活动目标：了解灯塔等航标在船舶航行中的作用，许下新年心愿。

活动过程：实施人员和参与观众分别换上船长服和海魂衫，参观海事与海上安全馆，登上馆外实物灯塔，开展互动游戏——讲述灯塔的故事、放飞"许愿瓶"，到馆内儿童活动中心进行游戏体验，完成手工制作——"DIY"发光灯塔。

8. 主题八：赏快船，千里快哉风

参与对象：10～14岁青少年。

活动目标：了解传统木船的构造和建造技术。

活动过程：实施人员和参与观众穿戴中国古代传统服饰，参观船舶馆"古代木船建造"展区，开展互动游戏——馆中寻宝（快船任务单）、巧解孔明锁，完成手工制作——小舢板船。

活动现场见图5-4。

图 5-4 "航海奇妙之旅"主题活动

三、科普基地建设运行经验

1. 科普基地建设经验

中国航海博物馆在成立十余年间,不断挖掘、丰富和深化航海科技魅力,普及航海文化,彰显航海精神力量。

(1)采用交互体验式的陈列展示。从体现古代先民智慧的羊皮筏子到独木舟,再到彰显我国航海力量的辽宁舰;从体现古代航海技术的橹、舵、帆、锚、榫钉、舱缝、水密隔舱、逆风谲饯、陆标导航、牵星过洋、指南针、航海图等独具中国特色的航海科技发明,再到现代船舶导航、专用航海设备和仪器,中国航海博物馆收藏的众多系列航海珍宝与现代展示技术相结合,向观众全面展示了航海技术的变迁与发展;举办"风好正扬帆:中国古代航海科技展"临时展览等,采用虚拟现实、三维互动等技术,集成图文、音视频等展示手段,为公众打造了一个展品、故事、技术、形式有机融合的航海世界,更为青少年开启了一扇航海知识文化的大门。

(2)打造青少年的航海文化课堂。如何实现博物馆与基础教育深层次的融合,让观众在互动体验中理解航海科技知识,从而普及航海技术、讲好航海故事,中国航海博物馆始终在不断地开拓与实践,充分挖掘博物馆教育资源,延展科普教育路径,为科普航海技术注入新的活力。中国航海博物馆作为教育部评定的第一批"全国中小学生研学实践教育基地",经过长期的教育科普实践,自主开发设计了从中小学生研学视角出发的"未来航海家"系列线下活动以及"航海云课堂"系列线上活动。出版的科普读物《未来航海家STEM课程》,以航海为主题,结合展览资源,引导青少年开展STEM(Science,Technology,Engineering,Mathematics,科学、技术、工程和数学教育)多学科融合学习,培养未来的航海人才和创新型人才,积极推动航海文化知识进教材、入课堂。

(3)提供参与式理念下的航海体验。航海的魅力更在于参与和实践。中国航海博物馆连续多年承办"上海航海模型公开赛",不断培养青少年勇于挑战极限,敢于追求梦想的航海精神。为进一步普及航海模型运动,2021年全国科技活动周期间,中国航海博物馆推出"帆船模型训练营"科普活动,招募观众开展550帆船模型实操体验,同时举办"航海模型图文展""世界冠军科普讲座"等,使观众在近距离感受航海模型运动的同时,激发航海兴趣。

2. 科普基地运营组织保障

中国航海博物馆位于临港新片区三城区,毗邻S2沪芦高速公路,四通八达,周围配套设施完备。作为科普场馆,中国航海博物馆立足于全方位、高起点和高效率的开放标准,馆内设置观众餐厅、咖啡厅、纪念品商店、亲水平台等,满足观众餐饮、购物、休闲的需求,并在开放区域设置配套齐全的服务设施,免费提供衣物寄存,残疾人轮椅、童车、爱心雨伞借用等。同时配有专业人员讲解、区域定时免费讲解等,结合"中国航海博物馆"官方微信公众号设置"语音导览"板块提供的免费语音讲解,为观众的参观过程提供全方位的服务。位于博物馆入口处的游客中心,面积约864平方米,专区专用,为来馆的观众提供咨询、投诉、问询及广播、讲解咨询等服务。游客中心内种类丰富的宣传资料、落地电脑触摸屏及LED大荧幕等,为观众提供清晰的展馆及服务信息。报告厅、多媒体会议室、贵宾厅、临展厅等设施,不定期为观众提供会议、讲座、论坛、临时展览等活动。中国航海博物馆充分借鉴各大博物馆先进经验,编制完成《博物馆运营手册》,规范工作流程,完善各类应急预案,为提升博物馆科普服务质量及管理水平提供依据。

中国航海博物馆现有在编工作人员 157 名,加上场馆服务一线人员,共计约 300 名。博物馆拥有专职科普人员 43 名,科普志愿者 71 名;讲解队伍总体素质较高,具备相应的专业知识和讲解技能,负责行政团队及普通观众讲解接待工作。博物馆导览词编撰科学、准确、富有文采,并根据不同人群,设有中文讲解词、英文讲解词、贵宾讲解词、初中生版讲解词、小学生版讲解词。同时,讲解员积极参加各类科普讲解比赛及培训,进一步提升讲解员视野及讲解专业力,并荣获"2018 年度全国科学实验展演会演"二等奖、"2020 年全国科普讲解大赛"三等奖、"2020 年度上海市科普讲解大赛"铜奖及"上海市十佳科普使者""2021 年交通运输科普讲解大赛"一等奖和三等奖等奖项。

中国航海博物馆多年来始终狠抓人才队伍管理。进一步加强科普工作的领导,完善科普工作的组织体系,落实责任;建立工作制度,完善工作机制,制订科普工作计划,为科普服务提供组织保障和制度保障。馆内定期举行各类专业知识培训、中高级专业技术人员培训、员工讲坛、政治理论培训等,选送干部职工参加国家文物局水下考古专题培训班、全国展览策划培训班、藏品管理培训班、讲解员培训班等,提升博物馆员工科普专业能力;每年选送人员至上海市文广局博物馆处、文保处和文保中心、临港管委会、上海市交通委航运处等轮岗交流,以不断提升博物馆工作人员岗位技能和人员素质。

科普工作宣传方面,博物馆每年围绕各大展览和科普活动,开展线上线下联动宣传,获得中央级、地方性的电视、报纸、广播、网络等各类新媒体、传统媒体的全方位报道 300 余次,取得良好的宣传效果。科普工作考核方面,博物馆每年定期参加上海市、浦东新区等市区两级科普基地年度考核,注重台账及数据统计,并接受专家现场考核汇报评审,以确保科普工作的规范性和社会效益。

四、科普基地建设启示

(1)聚焦人民群众需求,打造更具科技感和吸引力的临时展览,让观众获得更加优质的参观体验。"十四五"时期,中国航海博物馆将紧扣航海主题、服务国家战略、抓住时事热点,不断调整优化基本陈列,重点关注中国航海日、世界海洋日、中国海员日,以及"中国共产党成立100 周年""中华人民共和国成立 75 周年""中国人民解放军海军成立 75 周年""郑和下西洋620 周年"等时间节点,打造精品临时展览,强化国内外交流合作,带动社会教育、文创开发、学术研究聚焦协同,力求展陈水平再上台阶,引领航海主题博物馆展览潮流。

(2)以观众需求为导向,以航海文化传播为立足点,以提供优质公共文化服务为目标,打造形式多样、覆盖面广、互动性强、体验感佳的科普活动项目,使中国航海博物馆成为重要的航海科普内容研发、生产、输出基地和航海文化的科学普及与教育传播基地。推进巡展走进学校、社区、企业、军营、农村、外省市等,点面结合促进成果共享。抓好社会公益资源,加强志愿者队伍建设,借助市志愿者协会平台,完善志愿者管理和服务模式,提升志愿者团队在博物馆整体运营服务中的价值与影响。

(3)坚持"开放办馆"方针,重视宣传推广力度。立足上海、立足行业,面向全国、面向世界,广泛建立社会链接,充分用足各方资源,有效发挥融媒体宣传推广,强化线上线下相结合的科普教育,切实提升中国航海博物馆传播力、影响力。做强媒体资源集聚,通过微信、微博、短视频、直播、科普电子游戏等手段加强线上科普,加快科普资源数字化建设,进一步提高社会关注度和受益面。

第二节　中国铁道博物馆

扫一扫看基地

一、科普基地概况

中国铁道博物馆是中国铁路唯一的国家级专业博物馆。它的前身是铁道部科学技术馆,1978年成立,2003年更名为中国铁道博物馆。主要任务是负责铁路文物、科研成果等展品的收藏、保管、陈列、展示及研究工作。同时还是铁路及社会各界进行爱国主义宣传教育和科学普及教育的基地。中国铁道博物馆下辖三个展馆:正阳门展馆、东郊展馆、詹天佑纪念馆,如图5-5所示。

a)正阳门展馆外观

b)东郊展馆高铁展厅

c)詹天佑纪念馆外观

d)正阳门展馆青藏铁路数字化沙盘

图　5-5

e) 正阳门展馆模拟驾驶舱

f) 正阳门展馆第一月台

g) 东郊展馆0号蒸汽机车

h) 詹天佑纪念馆展厅内景

图 5-5　中国铁道博物馆

正阳门展馆位于天安门广场东南侧,是在具有百余年历史的原京奉铁路正阳门东车站旧址基础上改建而成。该馆主展区展线长 460 米,常设展览为"中国铁路发展史",分为"蹒跚起步""步履维艰""奋发图强""阔步前行"的中国铁路四部分内容。展览通过运用丰富、翔实的图片史料、实物展品以及先进的展陈技术和手段,全面展示了中国铁路从无到有、从落后到先进的 140 多年的发展历程。馆内陈列珍贵藏品 940 余件,有清政府为京汉铁路开通所铸的铁碑、国内发现最早的钢轨、具有百年历史的印票机等大量珍贵文物,观众还可以在此欣赏到中国铁路现代化建设的最新成果和技术装备。

东郊展馆坐落于北京市朝阳区酒仙桥北侧,建筑面积 20500 平方米,2003 年 9 月 1 日正式对外开放。机车展厅内展出了中国铁路不同时期、不同类型及制式的机车车辆百余台,收藏展示了不同国家和不同时代的准轨、米轨、寸轨机车车辆百余台。它们当中既有堪称镇馆之宝的中国现存最早的机车——0 号蒸汽机车,也有以伟人名字命名的"毛泽东号"和"朱德号"等功勋机车;内燃、电力机车中有中国制造的第一代"东风"型电传动干线货运机车,中国制造的第一代"韶山"型电力机车等。在这里还可以看到多种客货车辆,有老式的专用客车,有国家领导人的公务车,有不同种类的铁路座车、卧车、餐车、行李车及不同用途的多种铁路货车等。这些珍贵的机车车辆都是不同历史时期中国铁路使用的代表性车型,是中国铁路发展变化的缩影,是中国铁路从落后到现代化的历史见证,是极具历史价值和科学价值的珍贵文物。

詹天佑纪念馆位于旅游景区八达岭长城北侧,是一座为纪念在我国近代铁路建设史上作出杰出贡献的爱国者詹天佑而建立的专题人物纪念馆。纪念馆建筑面积 2850 平方米,1987

年对外开放。陈列展陈以时间为顺序,馆藏2000余件实物,通过文物史料、詹天佑遗著、詹天佑遗物和历史照片等大量珍贵的文物资料完整再现了詹天佑先生为中国铁路事业奋斗的一生,真实再现了京张铁路的修建始末以及运用科学技术解决工程难题的艰苦历程。新增加的京张高铁展陈内容,记录了我国高速铁路向智能化的快速发展进程。

多年来,中国铁道博物馆立足展馆,发挥自身特色资源优势,开展了丰富多彩的科普社会教育活动。为了丰富观众在馆内的参观体验,三个展馆开展了"雕版火车画"的拓印活动,将文化底蕴深厚的非物质文化遗产"雕版印刷"与近代工业的典型代表——蒸汽机车巧妙地融合在一起,与集多项高新技术于一体的复兴号动车组列车融合在一起,让观众在参与过程中同时感受到优秀传统文化和铁路特色文化的魅力。

在课程开发方面,充分利用馆藏文物资源及元素,策划开展了多种形式的创意手工课程。利用馆藏中不同时代和制式的铁路机车车辆开发的火车模型,结合特色品牌"铁博讲堂"并采取跨学科、探究式、全链条螺旋式学习法推出专题研学实践课程,突出对铁路文化遗产的活化利用,把铁路历史文化融入博物馆教育,增强博物馆吸引力,让收藏在博物馆中的文物真正"活起来",使文化、旅游、教育形成一个有机的整体。通过馆内活动和送课进校等形式,更好地服务广大群众特别是青少年学生。

在展览展示方面,一方面中国铁道博物馆积极争取资金,在对馆藏资源进行深入挖掘的基础上,对现有常设展览进行更新,力争做到常展常新,让观众每一次到馆参观都有新的收获。另一方面,利用馆内空间和线上平台,举办线上线下各类主题鲜明的临时展览。为庆祝建党100周年,中国铁道博物馆隆重推出了"党旗映红百年路"专题展览,通过对大量的文献资料、珍贵文物的深入挖掘并浓缩成一张张展板,引导观众从多个角度感受中国铁路在党的领导下的革命历程和建设成就。该展览一经推出,好评如潮。铁路行业的许多单位组织职工前来参观,并开展党史、铁路史学习教育,使中国铁道博物馆作为"赓续红色血脉,传承红色基因"的文化阵地的作用更为凸显。除了馆内的展览展示以外,中国铁道博物馆还积极参加北京地区以及在全国其他地区举办的各项国内国际展会,如中国(北京)国际服务贸易交易会、博物馆及相关产品与技术博览会、中国(深圳)国际文化产业博览交易会等,将铁路特色文化推向更大更广阔的舞台。

在深入发掘文物的内在价值方面,中国铁道博物馆认为对文物内在价值的挖掘,最终目的还是要通过某种形式将文物的内在价值呈现出来,实现弘扬民族精神、展示民族形象,而文创产品正是这样的一个载体。目前,中国铁道博物馆是全国92家、北京市22家博物馆文化创意产品开发试点之一,是中国铁路文化创意产品开发唯一试点单位。一直以来,中国铁道博物馆立足铁路文化特色资源,深挖行业特色,与各相关单位深入加强产学研合作,加大设计投入,形成了一批优秀的文创产品。这些文创产品极大地丰富了铁路文化创意产品市场,在弘扬铁路文化、传播铁路知识方面反响突出。部分明星产品在开展馆内外社会教育、科技文化传播等活动,在同行业之间的馆际交流中,在参加中国(北京)国际服务贸易交易会、博物馆及相关产品与技术博览会等展览展示中均受到了广泛的好评。

为了更好地宣传中国高速铁路举世瞩目的建设成就,让高铁文化更好地融入人们的生活,中国铁道博物馆与广州灵动创想科技有限公司合作,对馆藏文物中的机车装备以及高速铁路动车组的元素进行提炼,打造了"列车超人"系列铁路机车变形玩具。该系列产品是中国铁道博物馆积极探索文创产业发展新思路、新模式的创新实践,有力地拓展了行业博物馆文创产品开发的新业态,是实现文化创造性转化和创新性发展的重要途径。该系列产品已入驻全国各大城市上千家实体店,各大电商平台也都有专门的线上店铺。可以说,"列车超人"系列产品在打造国产铁路IP(知识产权)、推动铁路行业文化创意产业高质量发展、培育和传播铁路特色文化特别是高铁文化等方面发挥了积极的作用。

中国铁道博物馆一直秉承博物馆的办馆理念和使命,收藏展示铁路文物,促进铁路科技现代化,发挥自身资源优势,努力打造铁路文化精品、职工的精神家园和向社会展示中国铁路特色文化的亮丽窗口,举办过丰富多彩的爱国主义及科普教育活动,社会效益大幅提升。中国铁道博物馆先后被中国科协、中国国家铁路集团有限公司、北京市人民政府、北京市科委及北京市科协、交通运输部命名为"全国科普教育基地""铁路爱国主义教育基地""北京市爱国主义教育基地""北京市科普教育基地""国家交通运输科普基地"等荣誉称号,连续5年获得国际科学与和平周"和平使者""优秀组织奖",被中华全国铁路总工会授予"火车头奖杯"。

二、科普特色及典型活动

多年来,中国铁道博物馆发挥自身资源优势,依托丰富的文物藏品,积极参加全国大型科普活动,创造性地开展多种形式的科普教育活动,已成为公众了解中国铁路发展历程、展示铁路特色文化的亮丽窗口。

中国铁道博物馆充分发挥场馆资源,以特色品牌科普活动为龙头,同时打造多元化的科普教育模式,服务观众,服务社会,铸造博物馆社会教育活动品牌形象。近年来推出了"铁博讲堂"系列讲座、"火车发展的足迹"系列课程、"詹天佑与中国铁路"教育课程、"中国传统文化与中国速度"夏令营活动等科普品牌活动,组织了"非遗雕版在铁博 中华文化放新彩""大手牵小手 铁博走一走""传奇 火车的前世今生""铁博清明春意好 亲子运动欢乐多""3D火车模型拼插""火车艺术创作""传承詹天佑精神 做新时代京张传人"等各类主题社会实践活动。不仅积极开展馆内科普活动,同时还深入社区、学校、贫困地区等,开展"科普进校园""流动科技大篷车"等特色公益科普品牌活动。

中国铁道博物馆常年定期制作各类科普巡展,并积极参加全国、地方科协、科技部门组织的大型科普活动。配合中国国家铁路集团有限公司宣传部做好《铁路老物件会说话》科普宣传片录制,陆续完成了《0号蒸汽机车》《京张路工摄影》《从"有"到"无"——铁路老印票机》《滇越铁路钢枕》等铁路科普短片,真正让馆藏文物"活"了起来。

中国铁道博物馆积极拓宽创新科普宣传渠道,充分利用电视、广播、报刊、网络等媒体,携手中央电视台《国家记忆》《我们走在大路上》、中国教育电视台《展品中的科学》、央广少儿节目《小喇叭》等栏目陆续推出铁路科普节目,深受广大公众好评。

专栏5-2 举办"铁博开讲啦!"科普系列讲座

"铁博开讲啦!"科普系列讲座以铁路科普知识为题材、以近现代我国铁路科技发展进程为背景,主要分为"探索火车的奥秘""您需要知道的高铁常识""詹天佑与中国铁路"三大板块,重点从科学原理、科学常识、科学方法和科学精神的角度出发,让观众在感受现代铁路科技魅力的同时,静下心来了解老一辈铁路人的科学精神和科学情怀。

1.课程目标

知识目标:通过不同题材的系列讲座,促进铁路知识向科普知识的转化和传播,拓展铁路科学知识传播的深度和广度,激发观众探索铁路科学奥秘的兴趣与能力。

情感共鸣:通过介绍铁路科技人物、事迹,全面提升观众对待科学的情感态度和价值认同。

2.接课对象

讲座的一大特点是全民科普,针对不同的社会群体有不同的讲座方式方法和类型,本讲座主要针对的是6~12岁的青少年儿童。

3.课程过程

讲座前,授课老师会精心准备智慧箱和智慧问答卡,智慧问答卡上的问题均出自讲座中所提到的科普知识。每位活动参与人在入场之前从智慧箱里抽出一张智慧问答卡,带着问题去听讲座,从而达到巩固科普知识的目的,听完讲座并完成智慧问答卡内问题的儿童都可获得纪念品一份。

讲座过程中,充分利用播放视频短片或动画、互动问答,以及请小朋友上台演示自制讲座道具等方式开展。例如为了使小朋友更好地了解火车是怎样在"人"字线上行驶,授课老师制作了简易小火车道具,指导参与活动的小朋友亲自动手操作,增加了活动的知识性和趣味性,活动现场见图5-6。

图5-6　"铁博开讲啦!"活动现场照片

4. 课程实施效果评估

中国铁道博物馆"铁博开讲啦!"科普系列讲座自 2015 年开办以来,参与人数达 6000 余人次。同时,科普基地通过听取群众反馈提升讲座的听众满意度,利用调查问卷提升讲座选题水准,实现讲座的规范化和科学化,充分满足目标人群需求。系列讲座拥有了一批忠实观众,满意度达 99%。

5. 教学特色分析

(1) 建立常态化的科普讲座平台,打造中国铁道博物馆的科普套餐品牌和项目,提升科普工作的社会影响力和美誉度。

(2) 实现铁路科普资源平台与社会机构的有机结合,中国铁道博物馆与社区、幼儿园、中小学校、大中院校等建立了长期合作关系,共享铁路科普讲座资源,对社会公众开放。

(3) 近年来,中国铁道博物馆走进窦店二小、窦店中心小学、窦店望楚完全小学、婺源詹天佑小学等校园,参加北京市中小学生"博物馆之春"活动,展示博物馆课程教学成果。走进百家社区,充分发挥博物馆职能,为社区人员送去科普产品并进行现场交流等。

(4) 讲座发挥大众传媒的作用,除了中国铁道博物馆的对外微信宣传平台外,中国铁道博物馆积极与媒体合作,如中央电视台科教节目制作中心"一米天下"微信平台、中国首都网教育平台(千龙网)等新媒体平台,形成了一定的模式,扩大了受众面和影响力。

(5) 为扩大中国铁道博物馆"铁博开讲啦!"科普系列讲座的影响力,中国铁道博物馆邀请了国际博物馆协会副主席、中国博物馆协会副理事长兼秘书长安来顺博士做客"铁博开讲啦!",作题为"新形势下行业博物馆的可持续发展"的专题讲座;邀请北京博物馆学会第四届、第五届常务副理事长兼秘书长崔学谙先生来中国铁道博物馆作题为"中国博物馆现状及行业博物馆未来发展趋势"的专题讲座;邀请国家博物馆研究员周士琦先生作题为"新中国博物馆发展及博物馆设计艺术"的专题讲座等。

(6) "铁博开讲啦!"科普系列讲座在由北京市科普基地联盟举办的第三届科普基地优秀教育活动展评交流活动中荣获一等奖第一名的优异成绩。

专栏 5-3 火车车轮踏面外形对列车行驶性能影响研究课程

1. 课程背景

随着综合素质教育的不断发展,国家对于探索学科培养的重视程度不断提高。火车是我们生活中重要的交通工具,此课程从对火车行驶有重要作用的铁路轨道和列车轮对出发,加深大家对铁路轮轨的认知,探索铁路背后的科学原理。

2. 课程目标

设计轨道,并模拟不同踏面形状的车轮通过直道和弯道的行驶状态,了解车轮踏面外形对火车直线及转弯行驶性能的影响。

3. 授课对象

8 ~ 12 岁的青少年儿童。

4.课程过程

（1）绘制曲线轨道

在事先准备好的吹塑纸上绘出轨道，轨道要求包含一定距离的直道和弯道，学生们可自主设计轨道。自主设计轨道各有不同，制造认知冲突，激发学生探究兴趣，进行探究式学习。

（2）搭建轨道

使用事先准备好的胶水在直道起始端粘贴一个1厘米高的斜块（为车轮提供一定的初速度），将枕木按照绘制的轨道路径合理摆放，用胶水固定在斜块和板上。学生自主搭建轨道，观察、操作、体验、比较、思考，对轨道的基本构造形成初步认识。

（3）制作模拟轮对

①制作锥形踏面1模拟轮对；

②制作锥形踏面2模拟轮对；

③制作圆柱形踏面模拟轮对。

（4）进行曲线测试

将轨道适当垫高（建议2厘米左右），将模拟轮对放在轨道起点，要求车轴与轨道垂直，模拟轮对架在轨道上，无初速度放开轮对，观察模拟轮对在直道和弯道时的行进状态，记录数据。

（5）实验数据记录与分析

①圆柱形踏面在直道和弯道上行驶时车轮都会发生脱轨。

②轮对为锥形踏面1，在直道上行驶时，车轮不会发生脱轨；在弯道上行驶时，会发生脱轨。

③轮对为锥形踏面2，在直道和弯道上行驶时车轮都不会发生脱轨。

（6）结果与讨论

学生：分组讨论并分享看法，自主归纳实验过程与结果。

教师：帮助学生学会归纳、总结、交流思考。

原理分析：火车在平直轨道上行驶时，两个车轮行驶的距离相同，内外轨的半径相同，因此两个车轮的踏面没有倾斜；火车转弯时，两个车轮共轴转动，内外轨的半径不同，两个车轮行驶的距离不同，这就好比两个运动员同时跑过弯道时，如果想始终保持在一条水平线上，那么外侧跑道的运动员需要在同样时间内跑更长的距离（比如速度快一些，或者腿长一点），因此设计锥形踏面2是最合理和科学的。现场活动见图5-7。

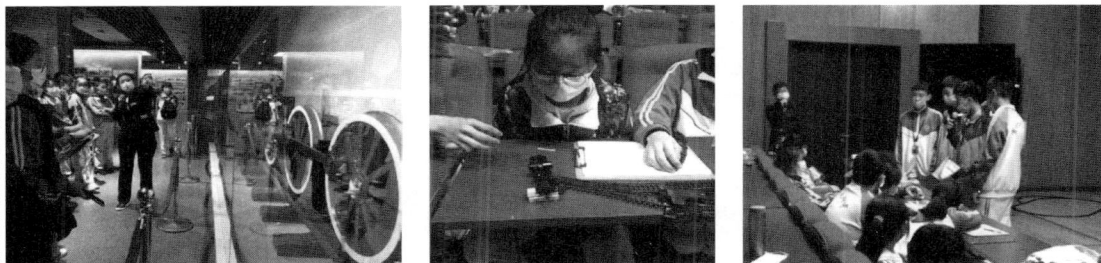

图5-7　铁博研究课程现场照片

5.课程实施效果评估

（1）实施情况

参与火车车轮踏面外形对列车行驶性能影响研究课程的人数达200余人次。

（2）学生反馈

学生能通过自己的观察、设计、动手操作，得出结论，并通过教师的引导尝试自己归纳总结知识点，在探究过程中，能够发表自己的意见和看法，并围绕共同的学习目标展开讨论，进行思考。学生认为，活动内容设置新颖有趣，在实验中得出结论，在思考中学习知识。

（3）家长反馈

通过反馈单的形式调查随行家长对活动的满意度及建议或意见。本课程满意度达99%，在实验中很好地调动学生的积极性，课程开展效果良好。

三、科普基地建设运行经验

（一）科普基地建设经验

自2005年中国铁道博物馆被命名为"全国科普教育基地"以来，中国铁道博物馆把科普教育基地建设作为科普工作的重要抓手，加大力度整合资源，注重实效。

1.深化陈列展览策划，提升文化影响力

中国铁道博物馆作为铁路文化的集合体，以其独有的铁路文化资源和文化方式，构成了独特的博物馆文化。其文化影响力主要是通过保护、收藏铁路历史进程中具有传承价值的文化与自然物证，通过对展品和与之相关的领域进行学术研究，推出独具特色的陈列展览。

近年来，中国铁道博物馆共举办各类临展、巡展80余个，先后对正阳门展馆、詹天佑纪念馆基本陈列进行多次改造提升，分别为东郊展馆、詹天佑纪念馆增加"中国高速铁路科普展"和"京张高铁展"，连续三年在中华世纪坛举办詹天佑与京张高铁原创展览。正阳门展馆"中国铁路发展史基本陈列"入选"博苑掇英"全国博物馆陈列艺术成果交流展。

2.创新社会教育品牌，丰富科普文化内涵

在品牌战略中，中国铁道博物馆面对形形色色的观众，在宣传教育的手段、策略和服务方法上不断注入科技、文化和情感含量，使宣传教育的文化内涵和文化特色不断创新，与观众产生情感上的共鸣。近年来，中国铁道博物馆在研发工作中注重创新意识，形成了多个自己的社会教育品牌，积极利用春节、清明节、端午节、"5·18"国际博物馆日、全国科普日、全国科技活动周等重大节日，共举办了丰富多彩的品牌教育活动，受众群体达千万人次。

3.整合科普教育资源，尝试"合作＋共赢"科普模式

目前，中国铁道博物馆科普教育工作主要围绕三个场馆的优势资源带动科学教育活动，与地方、学校、企事业单位建立"合作＋共赢"科普教育模式，拓展行之有效的传播推广途径。通过多种形式的资源整合和输出，服务观众、服务社会。建立高校产学研合作平台，使中国铁道

博物馆成为更多高校的对口"教学与科研实践基地",同时与地方企事业单位合作开展铁路综合实践活动,实现资源共享、区域联运、跨界融合,真正建立"合作＋共赢"的科教模式。

4. 延伸课题研究开发,申请教学研发专利

"中国铁道博物馆青少年教育课程及教具研发"课题开发以及科普教育产品外观设计专利的取得,得到了社会各界专家评委们的高度评价。深度开发科普教育课程,继续向系列化、品牌化方向发展。研究和开发青少年教育课程(初中版、高中版),丰富科普教育产品的种类,同时积极开拓科普教育产品的市场,不断提高我馆的"软实力"。一方面,申请教学研发专利,建立中国铁道博物馆科普教育产品品牌,使博物馆的科普教育功能得到更有效的发挥。另一方面,深化科普教育工作研究,借助各资源平台,开展科普教育活动与课题研究。

(二)科普基地运营组织保障

作为面向公众普及铁路科学知识、弘扬铁路科学精神的科技、文化、教育类场馆,中国铁道博物馆高度重视铁路科普工作,具有完善的科普工作制度保障,有科普工作的长期规划和年度计划,并将科普工作纳入年度工作目标考核及表彰奖励范围。馆内设有专门的科普社会教育部门,全馆科普工作专(兼)职人员共计100余人。

社会教育部依托"志愿北京"平台,以服务展馆节假日和大型展览展示活动为首要目标,建立了博物馆志愿者招募和工作模式,编订《中国铁道博物馆志愿者服务章程》,将项目发布、人员招募、服务内容、交通餐补、时长认定等环节确立为制度。截至2021年底,中国铁道博物馆志愿者队伍共计195人,志愿服务总时长达5000余小时。除展馆服务外,中国铁道博物馆还组织社会教育人员、学校教师、社会志愿者及小讲解员等开展了"京张铁路寻踪之旅"志愿者培训活动,他们走进詹天佑纪念馆、青龙桥车站、京张铁路官厅水库特大桥、张家口车站等七个京张铁路沿线重点工程进行现场教学,活动反馈良好。此活动荣获中国科协"第四届科普场馆科学教育项目展评"优秀奖。

在管理工作体制和经费保障方面,科普基地在中国铁道博物馆相关管理办法基础上,形成了《中国铁道博物馆科普工作管理办法》《中国铁道博物馆安全管理办法》《中国铁道博物馆开放制度》《中国铁道博物馆奖惩工作管理办法》等规章制度,使得科普基地的建设、活动的开展更加规范。

科普基地的各项活动对未成年人均免门票,适当收取活动材料费。博物馆收入来源为财政拨款和项目经费,每年有固定的运行经费投入,财务部的财政专项也会对重点建设项目进行支持,能够保证科普基地的正常运行与发展。

四、科普基地建设启示

从中国铁道博物馆多年来开展科普基地建设的经验来看,科普基地建设需要深化科普资源挖掘和利用,打造"品质铁博",营造良好科技人文环境,进一步提高广大观众科学文化素养。

1. 满足公众需求,主动担负起社会赋予的责任

新时代公众对科普基地提出了提高品质和扩大传播的要求,以满足公众对美好生活的需求,实现科普基地高质量发展成为当前主要的工作任务。高质量发展需要各资源单位准确定位,同时依据所在系统财务状况、人文内涵、拥有资源和群众需求而建设和运营。因此,完善科普基地建设,创新展示和传播手段,更好地利用科普基地资源,使科普基地主动担负起服务社会公众、传播科学知识、传承优秀文化,甚至关注社会诉求、引导社会舆论的责任。

2. 强化教育服务功能,更好地助力学校教育

加强科普基地教育服务功能,充分发挥科普资源优势与学校建立常态联系,到校开展课后服务。以"走出去,请进来"的方式,将科普基地优秀资源推荐给学校,提炼博物馆资源与学校资源的有机结合点,建立教育资源库与项目库,并且依据新课标和学生学情,利用博物馆开发整理的资源,开展本地区学校的特色选修课。充分利用学校下午的课后时间,为学生们带去喜闻乐见的课后服务活动项目。

3. 发挥基地平台作用,资源共享、互惠共赢

充分发挥交通运输科普基地平台作用,以平台资源为主线串起交通运输科普文化,充分利用科普人才或与相关科普机构合作,有效开展科普类主题活动,运用多种科普形式加强场景式、体验式、互动式、探究式科普教育实践活动。按照"双向选择"的原则,由学校自主选聘基地科普工作者,通过作报告、讲故事、开设线上线下科普课程、指导学生科技社团和兴趣小组活动等多种方式,加强学生科技教育,培养学生科学兴趣、创新意识和创新能力。科普基地与学校形成良性互动,才能形成资源共享,互惠共赢。

4. 加强科普人才队伍培养,努力提高师资水平

联合教育部门加强双师授课,加强对学校科学教师的培训。依托科普基地,精心设计教师培训课程,突出世界科技前沿、科学发展规律、科技创新成果和科学精神、思想方法等方面的培训,开阔教师科学视野,提高教师科学素养和教育教学水平。开发精品科普课程,安排专职人员进行讲解指导,切实增强科普课程的科学性、系统性、适宜性和趣味性。

第三节　桥梁博物馆

扫一扫看基地

一、科普基地概况

桥梁博物馆位于新中国桥梁建设事业发源地武汉,在汉阳四新片区的桥梁科技大厦,是国内首家以桥梁为主题的综合性桥梁博物馆,由中铁大桥局集团有限公司建设运营,于2019年5月18日开馆。

桥梁博物馆以"天堑变通途——古今中外话桥梁"为主题,由3000平方米室内馆及20000平方米室外主题公园组成。室内馆由序厅、中国古代桥梁、中国近现代桥梁、世界桥梁博览、桥梁科技发展、桥梁文化展示、建桥国家队的光辉历程、互动体验等部分组成。馆内收藏有珍贵

文物、藏品 1356 件,图 5-8 展示了博物馆外观和部分展品。在空间布局上,以大桥钢梁、管柱等具有空间感的实物藏品为载体,设计行走其间、身临其境的交互叙事体系,创造出体验感十足的物理沉浸空间;在展陈方式上,引入 5D 电影、全景电影、VR(虚拟现实)体验、全息投影、与大桥合影电子签名留言等展陈新技术,为观众提供视、听、触多感官的立体化体验感受,通过沉浸式体验,寓教于乐,润物无声。室外三题公园由桥梁名人雕塑、岩芯、老装备及艺术装置等组成,延伸室内馆展览内容,与室内馆相得益彰。桥梁博物馆是桥梁世界的浓缩、桥梁发展的轨迹、桥梁精神的展现、桥梁科技的演绎,是普及桥梁科学技术知识,展示建桥者的奋斗精神、创新精神和人文精神的殿堂。

a) 桥梁博物馆外景正门

b) 武汉长江大桥实景装置

c) 管柱基础模型

d) 重潜装备

e) 桥梁建设全过程及桥梁科研动画演示的移动滑轨屏

f)"我与大桥留影"互动电子签名装置

图 5-8

g)"极速港珠澳"VR互动体验

h)5D影院

i)桥梁博物馆室内馆部分展厅

j)室外主题公园

图5-8 桥梁博物馆展示

  桥梁博物馆是中央企业爱国主义教育基地、湖北省爱国主义教育基地。2019年,被湖北省科协命名为"湖北省科普教育基地";2020年,入选"全国铁路科普教育基地"和"全国公路科普教育基地";2021年,入选"国家交通运输科普基地"等。2021年,为充分发挥中国桥梁品牌文化优势,促进武汉、香港、澳门青年交流交往,引导更多港澳青年了解祖国历史文化和建设发展情况,增进民族认同感和自豪感,经遴选,武汉市委统战部选择桥梁博物馆作为"汉港澳青年文化交流中心驿站"。

  作为国家级科普教育基地和爱国主义教育基地、研学基地、青年交流驿站等,桥梁博物馆每年定期组织大、中、小学生开展桥梁科学知识科普研学、社会实践等活动。搭建院士、大师、专家与观众面对面交流的平台，推动形成讲科学、爱科学、学科学、用科学的良好氛围。2021年共计接待各省市政务系统、党务系统、各机构团体、各大、中、小学校、美、法、韩等国驻武汉领事馆外宾参观共427场，参观人数共计34344人。

二、科普特色及典型活动

桥梁博物馆以举办临时展览、开展系列讲座、桥梁科普进校园与科普研学旅行活动为主，定期开展大、中、小学生社会实践活动，并重点开展"5·18"国际博物馆日、全国科技活动周、全国科普日的桥梁科知识普及宣传活动。通过系列科普活动，打造了以桥梁为主题的文化品牌，起到传播桥梁知识、弘扬桥梁精神、传播桥梁文化的作用。

桥梁博物馆邀请行业内具有影响力、权威性的院士、大师、教授级高工、专家作为嘉宾，重点开展"桥梁大讲堂""荆楚科普大讲堂"系列科普讲座。其中，"桥梁大讲堂"活动已连续举办三年，由中铁大桥局集团有限公司科协和桥梁博物馆共同举办。"荆楚科普大讲堂"是湖北省科协"五个一科普工程"之一，系列讲座由湖北省科协与高校科研院所及相关单位协同举办，是湖北省首档汇集各行业院士、名家、教师、科技工作者的科普节目，桥梁博物馆积极参与，围绕中国桥梁创新与发展、桥梁博物馆巡礼等主题开展讲座。

专栏 5-4　桥梁博物馆举办 2021 年"桥梁大讲堂"科普讲座

2021 年 9 月 15 日，桥梁博物馆举办"桥梁大讲堂"科普讲座，邀请中铁大桥局集团有限公司副总工程师李军堂以"世界首座三跨超千米的公铁两用斜拉桥——沪苏通长江公铁两用桥"为题，对我国大跨度桥梁在建造技术方面取得的重大突破和中国桥梁建设的发展进行了重点介绍，为现场 100 多位观众生动地讲解了桥梁科普知识。中铁大桥局集团官方微信公众号同步直播整场讲座。活动现场见图 5-9。

图 5-9　"桥梁大讲堂"活动现场

桥梁博物馆组织各大、中、小学校学生开展科普研学、社会实践等科普活动，并开拓具有桥梁特色、形式丰富的亲子研学课程等，在儿童节、"建党 100 年"等重大节日前后大力推行。通过前期课程讲演、教具研发、流程打磨，多次课程经验累积，团队内多方讨论，博物馆制定了系统化的亲子研学课程方案与流程体系，每次课程保证有三位以上的专业教师进行授课讲解、动手实践等，丰富研学课程的内容。

专栏 5-5　开展大学生科普研学社会实践

2021 年 10 月 30 日，为使学生更深入了解新中国成立以来我国桥梁发展史，尤其是领悟老一辈桥梁建设者的奋斗精神和创新精神，华中师范大学马克思主义学院一行 80 名学生教师走进桥梁博物馆开展大学生"四史"教育社会实践主题科普活动。

本次活动全程采用"向导专业讲解＋多维互动体验"的方式进行。全体学生在讲解员的带领下依次参观了中国古代桥梁展厅、中国近现代桥梁展厅、世界桥梁博览展厅以及建桥国家队展厅，沉浸式体验了 5D 电影、全景电影等内容。随后，桥梁博物馆馆长成莉玲以《桥与建桥人》为题，给同学们上了一堂生动的桥梁主题思政课。活动结束后，学校代表聘任了桥梁博物馆馆长成莉玲为华中师范大学思政课校外导师并为其颁发聘书。

桥梁作为一张亮丽的中国名片，也是英雄之城武汉的精神象征。通过此次活动，学生们可以了解桥梁发展史，赓续建桥红色精神，弘扬工匠精神，增强民族自豪感和文化自信，努力学习，早日成为建设交通强国的参与者、贡献者。桥梁博物馆也不断加强场馆建设，创新教育载体，弘扬桥梁精神，传播桥梁文化，充分发挥爱国主义教育基地、科普教育基地的宣传教育功能，擦亮桥梁国家名片，赓续建桥报国精神。活动现场见图 5-10。

图 5-10　讲解活动现场

桥梁博物馆坚持开展科普进校园、进社区、进基层"三进"科普活动。通过不断提升博物馆服务方式和手段,充分利用互联网资源,打造云展览、云直播等多种形式普及桥梁科技、桥梁文化,增强行业内外互动,激发思想共振共鸣。桥梁博物馆举行了多场"云游桥博"活动,如策划"5·18"国际博物馆日的"讲述建桥红色故事"直播活动,并与多家博物馆联动直播;与武汉电视台联动直播走进桥梁博物馆,该直播点击量达到4.3万人次;为庆祝武汉长江大桥通车64周年,与长江日报联动直播,成莉玲馆长登上黄鹤楼讲述武汉长江大桥建成背后的故事;组织开展"荆楚科普大讲堂""桥梁大讲堂"线上直播线下讲座活动等。截至2021年10月份,博物馆共组织线上直播8次,观看人数累计超过300万人次。

三、科普基地建设运营经验

(一)科普基地建设经验

中铁大桥局集团有限公司结合工作实际,学习博物馆建设的理论知识和博物馆管理专业知识,主动到国有博物馆、行业博物馆学习。博物馆在建设前期编撰完成《桥梁博物馆布展大纲》,并将大纲送呈十几位桥梁专家和文博专家审阅,集思广益,认真听取专家意见,以保证大纲更科学、准确。

在展陈内容上,经过系统归纳梳理完善,桥梁博物馆紧扣主旋律,高度提炼每部分展陈内容,突出重点、提出亮点,展出最具代表性桥梁,融入社会热点,让信息最大化,成为最具特色、值得关注的博物馆。建设运营过程中,实时关注桥梁资讯,及时了解掌握最新的桥梁科技发展动态、重大桥梁工程进展、桥梁科技交流等讯息,及时更新博物馆展陈的内容,确保展陈内容的准确。如根据世界长大桥排名表、国际桥协最新奖项评选等,及时更新各版块的展陈内容。

在作品设计上,创作形式多样的桥梁科普作品。如介绍桥梁结构、施工等方面的科普视频、动画、影片,以及《一桥飞架南北——桥梁科普知识宣传册》《桥梁44美》《国家名片——中国桥梁》《长江大桥日历》《包容与担当——架起城市沟通的桥梁》等科普作品;加大线上科普教育力度,坚持通过微信公众号等加强博物馆的宣传。持续做好"每周一桥""二十四节气二十四桥"科普专栏的文章采写、编辑与推送,新增"桥梁之美"科普专栏,大力开展线上桥梁科普教育,推进科普信息化资源共建共享。

在科普活动开发上,桥梁博物馆专门组建科普研学团队,并加强对研学专业团队的培训,深入学习桥梁科普及研学活动的组织流程,组织研学团队前往版画研究院、建筑博物馆等交流调研。研究、编制亲子研学课程,不断打磨课程内容,课程试讲,得到观众满意反馈,同时不断更新研学课程,使研学课程的内容丰富;自主设计、制作、采购课程中使用的教具;通过前期多次课程经验累积,团队内多方讨论,博物馆制订系统化的亲子研学课程方案与流程体系,每次课程保证有两位以上的专业教师进行授课讲解,使参观学习的家长学生学有所获;为保证亲子研学活动的安全性,拟定活动安全承诺书,确保活动的安全性。

在宣传渠道上,坚持通过微信公众号等加强博物馆的宣传。截至2021年11月底,桥梁博物馆官方微信公众号共刊发文章114篇。人民日报、长江日报、中国档案等主流媒体的报纸、杂志、微信公众号等报道桥梁博物馆文章67篇,登上"学习强国号"7次。

(二)科普基地组织保障措施

1.科普人才队伍组织保障

组织博物馆专(兼)职科普工作人员通过线上线下等多种形式,学习文博、桥梁、普通话等,提高科普人员的工作水平和职业化素质;组建科普专家团队,为做好科普工作夯实基础。

(1)夯实专职科普工作者队伍。一是加强专业知识学习,通过网络学习文博知识,苦练内功。二是积极参与各类博物馆行业组织、区域博物馆联盟、馆际交流平台,并发挥一定的引领作用。三是走出去,主动到其他行业博物馆,如到建筑博物馆、钢琴博物馆、武汉美术馆等参观学习。四是学以致用。为迎接建党100周年,桥梁博物馆积极撰写原创诗歌《党旗辉映大桥局》,在"桥头堡1953"微信公众号刊发,并在"庆祝中国共产党成立100周年暨'两优一先'表彰大会"上进行文艺会演。

(2)组建科普专家团队。组建以院士、设计大师、教授级高工、桥史专家等为主要成员的桥梁科普专家团队。聘请了全国工程勘察设计大师徐恭义、易伦雄,中铁大桥局集团有限公司副总工程师李军堂等桥梁专家,国家一级作家、桥梁史学家余启新等为桥梁博物馆顾问。

(3)不断加强科技志愿者队伍建设。以中铁大桥局集团有限公司机关及各单位为基础,不断完善以桥梁行业工作者为主的科普教育志愿者队伍建设。组织志愿者参与桥梁知识讲座、科普主题展览、观看桥梁主题电影等培训活动,走进桥梁工地,到江汉湾桥施工现场实地参观学习,不断增强自身的业务能力。

2.管理工作体制

科普基地形成了《桥梁博物馆开放制度》《桥梁博物馆突发公共安全事件应急预案》《桥梁博物馆科普工作管理制度》《桥梁博物馆科普工作发展规划(2020—2023年)》等规章制度,使得科普基地的建设、科普活动的开展更加规范。

3.经费保障

桥梁博物馆全年免费对外开放,科普经费来源主要为上级单位中铁大桥局集团有限公司科协科普专项经费和政府的财政补助款等,能够保证基地的运行与发展。

第六章

教育科研类交通运输科普基地建设

教育科研类交通运输科普基地是指依托科研院所、高等院校、特色职业院校和交通企业的科普基地，以及从事交通运输科学研究的行业重点科研平台和交通运输教育培训机构等。

第一节　大连海事大学校史馆及"育鲲"轮

一、科普基地概况

大连海事大学校史馆及"育鲲"轮是大连海事大学对公众开放、开展航海科普工作的主要基地。通过校史馆和"育鲲"轮向社会展示中国高等航海教育发展历程，传播航海文化，普及航海知识与前沿科技，提高民众海洋意识。

校史馆位于校园内，又名海大展馆，始建于 2008 年，馆内面积 3400 余平方米，主要有序厅、学院时期展厅、3D 影院厅、船舶种类展厅等八个展厅，见图 6-1。校史馆是中国航海学会首批航海科普教育基地，大连市航海教育基地。校史馆采用传统展板、实物和声光电现代技术等手段普及航海知识，介绍兴办中国高等航海教育的初衷，展示大连海事大学的办学成就，展望建设交通强国、海洋强国宏伟愿景，激发青少年立志从事航运事业，受到了社会各界的高度称赞。开展以来共接待了海内外各界人士、国内中小学师生、港澳台青少年等一千余批次参观，累计参观人数达十万余人。

"育鲲"轮停泊在大连港大港港区，是我国第一艘现代化专用远洋教学实习船，总长 116 米、型宽 18 米、型深 8.35 米、设计吃水 5.4 米、容积 6106 总吨、持续续航能力 1 万海里，航区为全球无限航区。"育鲲"轮具有良好的航海性能和安全性，配备 3000 多万元的先进测试科研仪器设备，是集教学、科研、科普、文化交流等功能于一体的综合性平台。"育鲲"轮是"国家海洋文化教育基地"、教育部首批"全国中小学生研学实践教育基地"、中国航海学会首批"航海科普教育基地"，"最高人民法院海事法官实践培训基地""辽宁省高等学校辅导员培训与研修基地"

扫一扫看校史馆

扫一扫看"育鲲"轮

"大连市青少年记者基地",荣获中华全国总工会"工人先锋号""全国统战工作实践创新成果奖"等称号和荣誉。"育鲲"轮以"培养海洋意识,服务海洋强国"为科普工作目标,以航海和海洋为特色,面向大众普及航海前沿科技,培育民众爱国意识和海洋意识。自 2008 年投入以来,先后访问"一带一路"沿线十多个国家和地区,承接国内外中小学研学团体 20 余批近 2000 人;每年面向国内外社会各界人士和中小学生开展 50 余批次 5000 余人航海科普教育活动,见图 6-2。

a)校史馆外貌图

b)校史馆入口大厅

c)大连海运学院前历史展厅

d)大连海事大学时期展区

e)实物设备展示区

f)船舶种类展区

图 6-1　大连海事大学校史馆展陈

a)"育鲲"轮外貌图1

b)"育鲲"轮外貌图2

c)"育鲲"轮驾驶台

d)"育鲲"轮集控室

图6-2　大连海事大学"育鲲"轮

二、科普特色及典型活动

　　大连海事大学校史馆和"育鲲"轮科普基地深入挖掘海大百年历史文化资源,强化海洋特色,注重发挥鲜明航运特色,注重航海技术对交通运输科技创新的牵引作用,积极构建以航海科技教育为依托的现代科普体系,以"重现航海王者的荣耀""筑育鲲成鹏之梦"等主题活动展示科技创新对海洋强国、海运强国和交通强国建设的支撑作用,增强科普辐射效能,让公众特别是青少年充分领略海洋与科学相结合所迸发的独特魅力,培养其主动探索航海和海洋科学奥秘的兴趣。

　　大连海事大学校史馆和"育鲲"轮目前已形成了科普类型多样化、科普受众多元化的科普特色。通过物理模型演示、虚拟3D模型演示、真实操作系统操作以及视频科普等形式展开科普活动,活动主题丰富。为扩大科普基地的科普效果,打造航海科普文化品牌,基地依托高校师资优势,组织教师编写了《海上救生》《船舶消防》《航海》《船员》等系列具有航海特色的科普图书;同时,还组织录制了《漫话天文航海》《船与哲学》《船舶认识》系列航海科普视频作品,见图6-3。

　　大连海事大学校史馆及"育鲲"轮科普基地不断推进线上线下混合式科普新模式,组织开发了线上校史馆及"育鲲"轮的线上VR资源,同时注重线上科普的效果,将线上浏览和线下讲解相结合,对校史馆、"育鲲"轮重点区域开发了区域图片放大、背景资料辅助展示、语音讲解等功能,见图6-4。

图6-3 大连海事大学科普书籍和科普视频

图6-4 校史馆及"育鲲"轮线上VR产品展示

自2013年开始,大连海事大学校史馆承办教育部、中国科协组织的青少年高校科学营活动,还承担学校校史校情教育工作、海内外校友返校参观任务等。近年来,连续稳定地承担了交通运输部、教育部、辽宁省、大连市以及中国科协、中国航海学会等部门和单位主办的系列科普活动。通过承办或参与多种重要科普活动,学校正以多元化、多样化、多类型的科普活动展示我国海洋交通运输科技创新发展的成就。

专栏6-1　校史馆"中国航海日"主题航海科普活动

　　大连海事大学校史馆每年在中海航海日(7月11日)来临之际,均会与学校相关部门联合开展航海特色的科普主题活动。2017年7月10日至16日,在第13个中国航海日,校史馆与大连海事大学团委共同承办了2017年教育部主办的"青少年高校科学营大连海事大学分营"活动,活动主题为"重现航海王者的荣耀"。来自天津、重庆、安徽、辽宁等省市和香港特别行政区、台湾地区的240名高中生、带队教师、科学营志愿者来到大连海事大学,参加了本次活动。

　　本次活动以了解航海科技、体验航海文化为目标,参与人员将在百年高等航海学府聆听名家大师讲座,开展航海科学实践活动,体验大学生活。通过对航海科学的回顾与展望,让大家了解航海科技全貌,启发科学思维,培养创新思维和实践能力,活动现场见图6-5。

图6-5　校史馆"中国航海日"主题航海科普活动现场照片

　　本次活动分为三个部分,第一部分是"知识启迪,迈步航海殿堂"。通过举办航海科普知识讲座,邀请大连海事大学航海领域的知名专家、教授科普海洋和航运科技知识,讲座主题为亚丁湾护航船船长与你漫话航海技术、"三生三世"与山海经。在传授知识的同时,老师们还会和参与人员分享自己的学习和成长经历,讲述他们驰骋海洋、献身行业的真实故事,带领大家感受航海家执着探索的精神;参与人员通过聆听名家大师的讲座,走近海洋、认识船舶、了解行业历史与前沿科技动态。

第二部分是"躬行实践,重现航海王者的荣耀"。通过组织参与人员参与航海模拟器操作,使参与人员深入了解船舶航海实践;通过水手绳结编制、航线制定、摩尔斯密码译识、海上救助与打捞等航海科学实践活动,使参与人员深入了解航海活动,感受航海文化。

第三部分是"身临其境,追寻海洋之光"。组织参与人员参观校史馆,学习天文知识、航海仪器、学校历史文化等内容。"百年海大"的历史令人折服,"百年文化"的积淀让人陶醉,"百年科研"的硕果令人惊叹,"百年学子"的成就让人感慨。"育鲲"轮模型、航海模拟器等航海设备的展出极大地吸引了参与人员的注意,参与人员提问不断,展现出了对航海科学、航海文化的极大兴趣。

通过开展此类主题科普活动,增强参与者的海洋意识和海洋国土观念,形成全社会关心、支持港口航运事业发展的氛围,推动海洋文化、科技和经济发展;向更多人普及航海科学知识,形成全社会关心、支持航海事业发展的氛围,形成大力开展航海科研活动的良好风气。

2008年以来,"育鲲"轮主动服务国家战略,开展"海上丝路和谐之旅"系列访问交流与合作活动。每年结合国家重大活动和重要节假日(全国科技活动周、全国科普日、中国航海日、世界海事日、世界海员日等),"育鲲"轮开展一系列航海主题科普活动,吸引公众到船参加科普活动。每年5月,"育鲲"轮在全国科技活动周期间面向公众开展以"船舶科技"为主题的科普活动,展示中国高等航海教育、中国造船业的强大,进而展现祖国的强大。6月,结合世界海员日,开展以"关爱船员"为主题的科普活动,让公众了解海员的生活,了解海员对我国交通运输行业和世界互联互通所作的贡献。7月,结合中国航海日、世界海事日,开展以"认识航海"为主题的科普活动,联合在连港行企事业单位,开展船艇开放日活动,提升市民对航海、海洋和海事的认识,让公众全方位地感知航海文化。9月,结合全国科普日,开展"科技与生活"主题科普活动,让公众了解科技给生活带来的影响,使人们懂科学、爱科学,提高公众科学素质。2017年,"育鲲"轮还应邀参加了香港回归20周年系列庆祝活动,并对香港市民开放,在港期间接受市民预约参观。

专栏6-2 "育鲲"轮国内外访问交流活动

自2008年投入使用以来,"育鲲"轮代表中国高等航海教育,应邀访问了"一带一路"沿线10余个国家及中国香港和台湾地区20多所航海类院校。2010年,应邀参加国际海事组织STCW公约缔约国外交大会;2017年,应邀参加庆祝香港回归20周年系列庆祝活动;应邀参加了多届夏季达沃斯会议。

活动一:2010年6月17日至7月3日,"育鲲"轮出访菲律宾首都马尼拉,参加了国际海事组织STCW公约缔约国外交大会,访问了菲律宾约翰拉克松基金海事大学。在访问菲律宾约翰拉克松基金海事大学期间,大连海事大学和约翰拉克松基金海事大学签订了合作办学备忘录,并设立了专项奖学金,为约翰拉克松基金海事大学培养航海硕士、博士研究生。

在菲律宾马尼拉港停泊时,"育鲲"轮与同来参会的韩国实习船"HANBADA"和俄罗斯实习船"NADEZHDA"进行了互相参观,学生之间进行了座谈交流。参会期间,"育鲲"轮举办了包括"中国海员考试、发证相关政策"专题演讲、"STCW78/10公约修订对航海教育培训的改进和完善"座谈研讨会、船员心理学专题演讲等系列学术活动。时任国际海事组织秘书长米乔普勒斯先生、中国驻菲律宾大使刘建超先生、中国及各国参加外交大会的代表团参观了"育鲲"轮,充分体现了中国航海教育的重要作用和地位,也充分展示了中国航海教育发展的成就,活动现场见图6-6。

图6-6　"育鲲"轮访问菲律宾马尼拉活动现场

　　活动二:2017年6月29日至7月4日,受中央人民政府驻香港特别行政区联络办公室、香港海员工会邀请,"育鲲"轮航行至香港,参加了香港回归20周年的庆祝活动并承担部分任务。此次访问香港的主题是"同心同行,筑梦深蓝",寓意与香港各界一起,共同为祖国航运事业发展和海洋强国建设作出更大贡献。6月30日下午,大连海事大学与招商局能源运输(香港)有限公司签署战略合作协议,双方将在科技信息资源共享、科研项目合作、产学研合作、学术与业务交流、加强国际交流合作以及人才培养等方面展开全面合作。7月1日—7月4日,"育鲲"轮于指定时间向香港市民、千名香港"启动计划"中学生、海事院校学生、香港老船长、老轮机长及航运界代表开放参观,还接受了海事训练学院(香港)、赤柱航海学校、职业训练局等院校学生以及1000名高中生参观。7月3日晚,由香港航运界联谊会、香港中企协运输行业委员会、香港海员工会、大连海事大学港澳校友会等联合举办的"香港航运界庆祝香港回归祖国20周年暨欢迎大连海事大学'育鲲'轮访港联欢晚会"在香港龙堡国际宾馆举行,共计400余人参加了晚会。本次"育鲲"轮访问香港,加强了两地民众尤其是青少年间的沟通交流,使香港市民特别是青少年对国家的科技、文化、教育有更生动、更真实的认识,对加强香港青少年认识国情起到了积极的作用,活动现场见图6-7。

　　"育鲲"轮国内外系列访问活动传播了构建人类命运共同体理念,展示了国家高等航海教育实力、履约履诺成就和国际影响力;服务了海洋强国、海运强国、交通强国战略和"一带一路"倡议;为校际、校企之间的交流与发展贡献了力量,助力了大连海事大学"双一流"建设。

图 6-7 "育鲲"轮访问菲律宾马尼拉活动现场

三、科普基地建设运行经验

(一)科普基地建设经验

大连海事大学科普基地的建设是依托全校 13 个学院,9 个国家级科研平台、54 个省部级科研平台,通过学校教学和科研工作带动科普工作,通过科普工作反哺教学和科研工作,打造教学–科研–科普一体化建设模式。通过不断更新和丰富硬件设备、不断扩大科普活动规模、不断推出科普作品,努力形成人人参与科普的良好氛围,使学校的科普工作登上一个新的台阶。

(二)科普基地运营组织保障

大连海事大学科普工作已形成了较为完善的工作机制和组织架构。学校制定了《大连海事大学科普基地建设管理办法》,成立了学校科普工作领导小组并完善了科普相关制度,由校长任组长,办公室设在科技处,校友事务与合作处、国有资产与实验室管理处、教务处、宣传部、各学院为成员单位。此外,学校编制了《大连海事大学科普工作发展规划(2020—2025)》,制定了科普工作发展路径,明确了发展目标。

大连海事大学科普工作由科技处牵头,校史馆由校友事务与合作处负责日常运行,"育鲲"轮由国有资产与实验室管理处负责日常运行。通过辽宁省大连海事大学教育发展基金会和辽宁省大连市青少年发展基金会广泛募集社会资金,校友事务与合作处每年募集不少于 15 万元专项资金用于开展校史馆的科普工作。通过国有资产与实验室管理处实习船专项运营经费和教务处实验实习专项经费,共列支不少于 10 万元的专项经费用于"育鲲"轮开展各项科普工作;通过承担交通运输部、科技部、中国科协、辽宁省、大连市等专题科普活动,为"育鲲"轮争取了不少于 10 万元的专项资金。

在科普人才队伍建设方面,学校校友事务与合作处除组建了讲解团、校史研究部、科普研究部等部门外,还于 2021 年 10 月成立了"科普和爱国主义教育专家委员会",本委员会由离退休老领导和各学科专业的专任教师 40 余人组成,每年定期研究科普和爱国主义教育工作,并负责校史馆的日常运营和对外科普工作。"育鲲"轮全体近 40 名船员由大连海事大学航海学院持证教师、轮机工程学院持证教师和大连海大国际船舶管理有限公司(校企)船员组成，全体船员一岗双责，既负责"育鲲"轮的日常营运，又负责教学与科普任务；在船实习学生约130人作为兼职科普人员，以在校、在船所学知识开展科普工作。

学校一方面在对科普基地的主管部门(院系)年度考核任务中明确科普相关的可量化考核任务，推动校内各科普基地的主管部门(院系)积极组织资源，开展科普建设工作，取得了科普工作方面的优异成绩；另一方面，将科普作品、科普奖励纳入教学、科研考核体系，对校内教师主编的航海科普书籍与教学科研著作同等对待，录制的系列专业特色科普视频作品可以纳入精品在线课程建设工程，并给予相应的经费支持。对在科普工作方面获得的奖励与科研奖励同等认可，纳入教师职称评价体系。以上措施极大地推动了学校科普工作水平，形成了部门积极开拓科普新模式、教师主动开发科普新作品的良好局面。

大连海事大学下一步科普工作的重点是：①凝聚内涵，打造一流的特色型、智慧型、行业性科普基地。以"育鲲"轮、交通运输部批复建设的"智能研究与实训两用船"和学校的重点学科实验室为依托，紧密围绕智能船舶、智慧港口、海上智能通信、信息导航等智慧交通要素，通过实体场景构建和模拟仿真等形式，建设全要素、全流程展示的智慧交通科技创新及场景应用的新型科普基地。②扩大参与，打造一流的开放型、公共性、交互式科普基地。以产教融合、科教融合为纽带，整合全校科研与教学基础设施及实验平台，完善科普基础设施体系，推进科普体制机制创新，探索引入市场化、社会化的科普组织模式，加快建立普惠共享的科普体系，开发参与式、交互式科普产品，通过混合式科普、案例式科普、沉浸式科普等活动形式，推进公益性科普事业与创新性科技研发协调发展。

四、科普基地建设启示

高校在科普工作方面有天然的优势，有丰富的高水平人力资源，有数量可观的高水平实验场地和先进设备。在开展科普工作时，高校应当积极主动作为，深化对新时期科普工作的认识，厘清科普工作规划思路，扎实推进科普工作上新台阶。

(1)深化对新时期科普工作的认识。真正将科普与科技创新放在同等重要的位置。只有重视科普工作，才能在人力资源配置、财务资源配置、配套制度建设等方面向科普工作倾斜，推动科普工作卓有成效开展。

(2)坚持走特色之路，坚持将学校优势学科、优势专业、优势资源与科普工作相结合，在学校的优势领域开展科普工作。大连海事大学校史馆和"育鲲"轮科普基地深入挖掘海大百年历史文化资源，强化海洋特色，注重发挥鲜明航运特色，注重航海技术对交通运输科技创新的牵引作用，积极构建以航海科技教育为依托的现代科普体系。

(3)积极构建科普基础设施体系。校史馆是大连海事大学校内主要的普及航海知识、介绍兴办中国高等航海教育初衷、展示大连海事大学办学成就的基地，"育鲲"轮是学校建设的集教学、科研、科普为一体的大型现代化实验教学平台。此外，学校还整合了校内小型船舶码头、天象馆、陆上机舱、海大导航中心等，共同纳入学校科普建设体系。通过在航海历史教育、航海科技教育、航海文化教育等方面投入和整合大量资源，形成了较为完整的基础设施体系。

(4)考虑将科普工作纳入内部管理考核体系。大连海事大学将科普工作业绩作为考核相关部门、院系的硬性指标，推动校内相关部门、院系重视科普工作，积极开展科普相关工作。同时,为调动科研人员参与科普工作的积极性,将科研人员参与科普相关工作取得的业绩成果纳入职称评审、人才评定、绩效奖励考量范围。

(5)保障科普工作的经费投入,列支专项资金保障科普工作顺利开展。

第二节　长安大学公路交通博物馆

扫一扫看基地

一、科普基地概况

长安大学创建于新中国百业待兴之时,壮大于改革浪潮迭起之际,兴盛于高等教育强国大势之中,与共和国同向同行近七十载。在长安大学由跨越式发展向内涵发展、特色发展、和谐发展的转变过程中,为展示公路交通运输事业和交通类学科的发展,结合学校的学科特色、文化底蕴和传承积淀的办学实际,长安大学从 2008 年起开始筹办公路交通博物馆,于 2011 年完成第一期布展并对外开放,见图 6-8。

a)博物馆外景

b)博物馆前厅

图 6-8　长安大学公路交通博物馆公共区域实景

公路交通博物馆总建筑面积 6600 平方米,建筑结构共三层,分为公路、汽车和智能交通三个展厅,见图 6-9。展陈内容体系以学校的特色学科专业为支撑,展示公路交通行业从无到有、从低级到高级、从一般到高效的发展历程,涵盖道路、桥梁、隧道、汽车、筑路机械、智能交通和交通工程等专业领域,建立了一套有效、完整、严密的公路交通专业知识结构体系。通过展示特色重点学科的整体发展和卓越成果,突出高等教育在交通强国战略中的重要作用,并向社会广泛传播公路交通科技文化知识,为我国公共文化体系服务。

公路交通博物馆秉承"突出特色、展示实力、传承历史、蕴积涵育"的建馆理念,立足科学普及和文化育人工作的需要,坚持以专业性、科学性和公益性来指导实施科普基地的藏品征集、展陈内容形式及相关科普活动的开展,积极履行传播科学技术的神圣使命和光荣职责。公路交通博物馆填补了陕西省公路交通领域博物馆的空白,是首批全国高校博物馆联盟成员,并荣获"全国公路科普教育基地""陕西省青少年教育基地""陕西省交通强国教育基地""西安市爱国主义教育基地""国家交通运输科普基地"等荣誉称号。

a) 公路展厅道路展区入口

b) 公路展厅桥梁展区

c) 公路展厅隧道展区

d) 港珠澳大桥投影沙盘模型

e) 汽车展厅主题墙

f) 汽车展厅荣誉墙

g) 汽车展厅中国汽车展区

h) 汽车整车吊装拆解场景

图 6-9

i)20世纪60年代使用的工程机械教具

j)盾构机刀盘模型展区

k)交通控制展区

l)多功能报告厅

图6-9　展厅内的展区

面对信息化的时代浪潮,公路交通博物馆不断优化运营策略和发展对策,建立了与区域内文博机构的交流协作机制,全面推进智能化、数字化、全媒体化建设,实现馆藏资源共享,不断拓展服务功能,促进对公众科普教育功能的发展。公路交通博物馆在致力于社会通识教育与终身教育的科普实践工作中,充分发挥在文明传承和文化交流过程中的桥梁纽带作用,成为保藏交通科技历史文明、展现交通科技文化力量的重要窗口。

二、科普特色及典型活动

长安大学公路交通博物馆致力于服务高等教育发展、行业发展和社会文化发展,按照立体化、品牌化、特色化建设思路,建成"展览＋体验＋讲座＋课堂＋平台＋宣传"六位一体科普体系。近年来,公路交通博物馆根据自身特点与优势,以公路交通历史文化为背景,结合学校与行业发展历程,以展示公路交通科技发展成果为目的,积极推进"交通文化＋交通科技"双线发展的科普活动组织思路,以突出科学性、互动性和多样性为指导,不断探索创新科普主题、科普环境与科普形式,汇集大学深厚文化底蕴与前沿科技知识魅力碰撞的能量,促进科普工作水平的持续提升。

(1)在组织参与全国科技活动周、"5·18"国际博物馆日等全国性大型科普活动中,充分挖掘高校博物馆的自身优势,着力为师生和广大的行业科技工作者打造了博物馆学术殿堂——"交通大讲堂",邀请行业专家、科普网络达人以讲座、访谈等多种形式聚焦"交通文化+交通科技",并通过"线上+线下"联动的方式让学术研究成果得以在更广范围内普及,有效提升了科普基地的育人效果。

（2）打造以"交通改变世界,智能引领未来"为主题的"交通文化节"系列活动,围绕公路交通、汽车文化、信息技术、智能装备、智能检测等专业领域,依托长安大学的科研成果,集中宣传和展示公路交通科技文化建设的成就,突显科普基地的公路交通文化品牌特色。

（3）结合实验教学与青少年科普教育,开展"创想实验节"系列开放体验式科普教育活动。通过化学总动员、生活体验场、解压风暴馆、户外研究所4个分会场的互动体验,搭建开放式校园科普实验平台,进一步带动产学研用结合和开放式科普教育教学的发展。

（4）加强馆际交流,举办科普巡展活动。举办科普交流展是博物馆增强自身建设、扩大社会影响、活跃馆际交流的重要途径和方式。在陕西省博物馆协会高校博物馆专业委员会的指导下,公路交通博物馆参与了陕西省高校博物馆成员间举办的跨领域主题巡展,实现了策展成果的资源共享,促进了不同专业领域科技文化的相互碰撞和融合,为今后更好地发展创新积累了经验。

活动现场见图6-10。

a)"桥梁智能检测技术"专题讲座

b)"解密地下空间开发的奥秘"专题讲座

c)科普网络达人来博物馆进行访谈

d)交通文化节

图　6-10

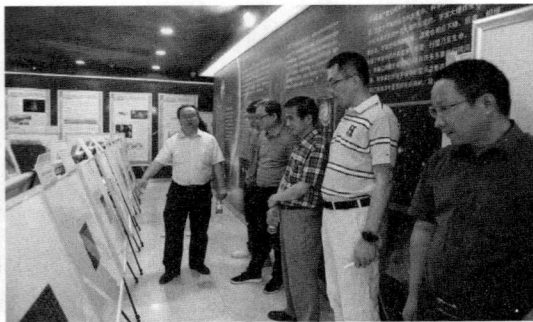

e) 创想实验节   f) 陕西高校博物馆馆藏碑石拓片珍品巡展

图 6-10　长安大学公路交通博物馆科普特色及典型活动

专栏 6-3　交通文化节暨智能技术成果展

2020 年 11 月 7—8 日,为大力弘扬公路交通精神,激发使命担当,提升创新能力,激发发展活力,集中宣传和展示公路、桥梁、隧道、汽车、智能控制领域的突出研究成果,公路交通博物馆特举办"交通改变世界,智能引领未来"为主题的交通文化节暨智能技术成果展。此次活动由博物馆常设展厅、汽车文化展区、智能装备展区组成。活动吸引了 2000 余名交通运输行业工作者、市属中小学生和社会人士的参与,被人民网等 23 家主流媒体报道。

公路交通博物馆室内常设展区紧密围绕公路交通特色学科专业,以丰富的藏品和模型、图文并茂的展板、融知识性和趣味性于一体的科普动画视频,建立起了一套全方位的"公路交通"展示系统,系统展现了公路交通的基础建设、公路交通运输工具的技术发展以及公路交通运输系统的智能控制与发展等公路交通领域的相关内容。

在汽车文化展区,一块块展板生动全面地展示了世界汽车及中国汽车的发展历史;在现场,参观者还可以看到多辆红旗系列轿车及大众系列轿车,通过资料和实物的比照,充分感受到汽车制造技术的日新月异和汽车产业发展的突飞猛进。

智能装备展区分为创新技术展区、专用检测车展区、车联网展区、科技成果展板区等,集中展示了学校师生研发的无人驾驶车、多功能道路综合检测车、科研平台车等智能技术研究成果,以及各类型机器人、赛车等创新成果。活动现场见图 6-11。

交通文化节的成功举办,着力打造了"交通改变世界,智能引领未来"品牌科普活动,极大地丰富了公路交通博物馆的科普内涵,为今后以更广阔的视野、更长远的视角系统深入地开展交通科技与文化的研究和传播工作打下了良好的基础。

a)交通文化节开幕式

b)常设展区智能语音讲解

c)学生赛车队

d)道路智能检测车

e)机器人表演

f)无人驾驶车辆体验

图6-11　交通文化节暨智能技术成果展

三、科普基地建设运营管理

(一)科普基地建设经验

长安大学公路交通博物馆始建于2011年,依托长安大学在公路交通领域的深厚积淀,经过了十余年的持续建设和开放运营,逐渐形成了鲜明的特色。展陈体系凝聚了我国传统交通文化力量和新时代交通精神,馆藏有近现代文物红旗 CA770 轿车和 20 世纪 60 年代筑路机械教具等 300 余件展品,采用图文展板与多媒体交互式模型结合的展示手段,生动记录了公路交通类学科乃至我国交通运输行业的发展历程。公路交通博物馆在发展过程中不忘初心,不断丰富科普工作的内涵,认真履行承担的各项科普教育基地的工作职能,年均向公众开放 220 天以上,年均接待观众 15000 人次以上。

在科普基地建设中积极开发科普展教资源,制作公路交通领域科普视频片 20 余部、工程机械和汽车藏品三维模型 50 余件,开发公路交通领域临展易拉宝及宣传彩页资料 10 余套,见图 6-12。

图 6-12　科普作品案例

通过线上渠道对科普基地进行宣传,通过官方网站(jtg. chd. edu. cn)和微信公众号(长安大学公路交通博物馆)对外公布参观导引、语音讲解以及科普活动等展教信息。

(二)科普基地运营组织保障

长安大学公路交通博物馆在筹建、建设及运营等各发展阶段逐渐构建了完善的组织架构,并获得了相关专业人才的智力支撑。在筹建阶段,来自公路、汽车、机械及信息控制等学院 10 余名离退休教授组成了专家筹委会,运用专家们丰富的专业知识和教学、科研经验,起草形成了体系完整、图文并茂的展陈文案;在建设阶段,博物馆的工作人员在各相关学院专家的支持下完成了对展陈文案的补充完善整理和校对工作;现运营阶段有科普人员 20 名,其中专职人员 4 名,兼职人员 16 名,学生志愿者 30 余人,形成了由公路交通、思政等各领域的专家教授、活跃在教学一线的年轻学者以及学生志愿者团体组成的工作团队。

公路交通博物馆在十余年的建设和运营过程中,为保障博物馆的长期安全稳定运行,积极推进各项制度和规划的制定,形成了较完善的管理制度,其中涉及规范日常运营的有《展厅安全规定》《设备控制安全规定》《应急处置预案》等;涉及博物馆中长期发展目标以及规范科普活动开展的有《长安大学公路交通博物馆建设规划》《公路交通博物馆科普工作管理制度》《长安大学公路交通博物馆管理暂行办法》等。

在经费方面,长安大学公路交通博物馆面向校内外免费开放,各项支出经费由长安大学拨付。在历年的建设和运营过程中获得了中央普通高校改善基本办学条件和陕西省高水平大学等专项资金以及博物馆专项建设经费的支持。在建设过程中,完善了包括全馆中央空调、火灾自动报警系统、视频监控系统等配套设施;完善了学术报告区、临展区以及藏品仓库等设施场地。

四、科普基地建设启示

1. 加强顶层设计,保障科普基地建设投入

高校里的科普基地的建设运营资金投入主要源于学校,因此发展过程中应注重将科普工作与服务学校的教学科研紧密结合,参与学校整体发展战略,持续获取学校的关注和支持。

长安大学公路交通博物馆隶属长安大学的实验室与设备管理处,承担着相关的教学任务。为了更好地开展探究式学习、参与式教学和实践教学,通过聚焦学校的学科建设资源,构建了"公选课+入学教育+实践教学"的课堂体系,以"浸润式"教学方式推动"博物馆进课堂",有效拓宽了科普基地的教育渠道。公路交通博物馆将科普工作纳入对学生的日常教育教学当中,成为学校重要的实践教学场所,有效获得学校相关的经费投入保障。

在努力争取学校的支持经费的同时,发挥自身的"造血"功能,拓展多渠道的支持。通过开展特定领域的教育和科技活动,博物馆成为青少年游学实践基地、行业培训和师资培训教育基地、国情校情教育中心、学术交流中心等,形成具有鲜明特色的教育和活动品牌,通过提升自身科技文化价值来获得如政府投入、企业、社会和民间的赞助等。

2. 拓展工作方式,促进科研资源转化成科普资源

在当今科技、经济、文化全球化的大背景之下,科技每天都发生着日新月异的变化。高校处于高科技阵地的前沿,作为学校教学、科研辅助机构的公路交通博物馆充分利用这种前沿优势,将展陈内容紧密结合学校的学科专业特色,争取把现有的科研资源转化成丰富的科普资源。

依托学校丰富的科研成果、完备的学术体系、先进的试验设备,记录科学成果诞生的历史,跟踪、记录、实时收藏这些科学试验进程中的相关资料、设备。这样既可形成丰富完整的博物馆藏品,又可保护极易消失的试验成果,还可成为科普工作中的新热点,增强科普工作的生命力和影响力。在创设的 VR 体验区,应用了学校虚拟仿真实验科研平台的桥梁设计建造与受力性能虚拟仿真实验及交通建设工程施工安全教育虚拟体验系统相关软件;新建的"多模式智慧网联交通微缩仿真平台"是学校第一个体现多模式综合交通管理与控制的大型实验仿真展示平台,集教学、参观实习、科研试验等功能于一体;举办"长安大学交通文化节——智能技术成果展",以科普的方式展示学校公路、桥梁、隧道、汽车、智能控制领域的突出研究成果,获得了相当高的社会关注度。

3. 突破行业限制,加强交流和合作

在科普实践中适度突破固有思维限制,通过加强与兄弟院校博物馆以及社会博物馆的交流与合作,带动不同专业、不同领域的策展成果以巡展的方式进行展出,实现馆际和校际的资源共享和策展成果的效益最大化。公路交通博物馆早在 2012 年就成为首批全国高校博物馆育人联盟成员,并加入了陕西省博物馆协会高校博物馆专业委员会,与西北农林科技大学、西安建筑科技大学等共建了实践教学合作基地,实现强强联合、优势互补、信息交流,不断扩展交通行业科普工作的辐射面。

打破馆际、地区的界限,把握国内外学术参观交流等机会,将优秀的科普展览推向全国、推

向世界,使科普基地成为不受地区限制的科技文化传播机构,成为延伸科普基地影响力的未来工作方向。

第三节　交通运输部天津水运工程科学研究所大型水动力实验中心(临港基地)

一、科普基地概况

扫一扫看基地

交通运输部天津水运工程科学研究所(以下简称"天科所")成立于1974年,是交通运输部直属的科研事业单位,坐落于天津市滨海新区,拥有一个本部和两个基地[大型水动力实验中心(临港基地)和海洋高新区实验基地],总占地面积41万平方米。天科所主要从事水运交通科技事业发展中具有基础性、战略性、前瞻性等共性技术和重大工程建设关键技术研究,是综合性、国际化水运交通国家科技创新机构。

天科所以大型水动力实验中心(临港基地)作为公共科普服务的主要场所,主要在内河海港综合实验厅、大比尺波浪大水槽实验厅和土工离心机实验室三个区域内开展科普参观及教学研讨活动,展教区域面积共计5.6万平方米,见图6-13～图6-15。

a)三峡水运新通道物理模型

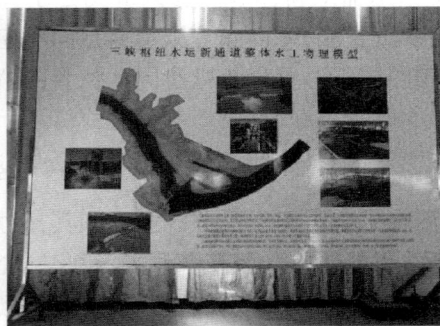

b)三峡水运新通道模型展板

c)悬浮隧道物理模型

d)悬浮隧道关键技术研究展板

图6-13　内河海港综合实验厅展教物理模型

内河海港综合实验厅于 2011 年 3 月动工修建,2012 年 11 月交付使用,长 440 米、宽 100 米,可同时开展水流泥沙、波浪、内河通航等多类型物理模型试验,紧密结合水运交通建设,突破内河长河段系统整治、大型专业化深水码头建设、深水航道整治、特殊自然环境下的水运工程建设、船舶航行、建筑物安全保障和水上溢油应急等一批重大关键技术。厅内以物理模型为特色,以三峡枢纽水运新通道整体物理模型和悬浮隧道关键技术物理模型作为科普的主要展教资源,通过展板介绍、实物模型、科普讲解等方式,使大众了解国家重大工程的研究过程及交通科技前沿理念,拉近了大国重器与青少年学生的距离,宣传科技工作者勇于探索、献身科学的精神。

大比尺波浪水槽实验厅于 2013 年 1 月动工修建,2014 年 9 月交付使用,长 450 米、宽 5 米、深 8 ~ 12 米,建筑面积 7462 平方米。最大能生成 3.5 米的波浪和 15 立方米/秒的水流,可进行 1 : 5 到 1 : 1 的大比尺模型试验,是目前世界上尺度最大、功能最全、造波能力最强的波浪试验水槽,见图 6-14。大比尺波浪水槽主要应用于波浪非线性理论及特性研究、泥沙起动机理及垂向分布规律研究、波浪 – 地基 – 结构物相互作用研究、防波堤破坏机理研究与性能评估、应急消浪技术研究与新结构开发。厅内以演示文稿演示、水槽 VR 互动展示、防灾减灾 AR(增强现实)沙盘等为特色,通过生动有趣的科普讲解为大众科学普及海啸、地震、地质灾害等知识,培养防灾减灾意识。

| a)大比尺波浪水槽实验 | b)大比尺波浪水槽演示 |
| c)水槽VR互动展示设备 | d)防灾减灾AR增强现实沙盘 |

图 6-14　大比尺波浪水槽实验厅

土工离心机实验室于 2014 年 12 月动工修建,2015 年 11 月交付使用,建筑面积 2867 平方米。TK-C500 型土工离心机是目前国内已建成的有效容量最大、综合性能指标最先进的离心机,最大功率达到 1200 千瓦,该离心机有效容量 500 克·吨(加速度×质量),最大加速度 250克,最大负载 5 吨,最大转动半径 5 米,见图 6-15。离心机主机之外,还配备了水平/垂直二维振动台、多自由度机械手、降雨装置、造波系统及潮汐发生装置,可以研究复杂水环境条件下的岩土工程问题。厅内以土工离心机 1∶10 模型、引江济淮项目展示为特色,向大众普及离心力与向心力的知识,通过项目案例及模型展示,让前来参观的行业内外学者、学生等了解土工力学在日常生活中的广泛应用及为我们带来的社会效益。

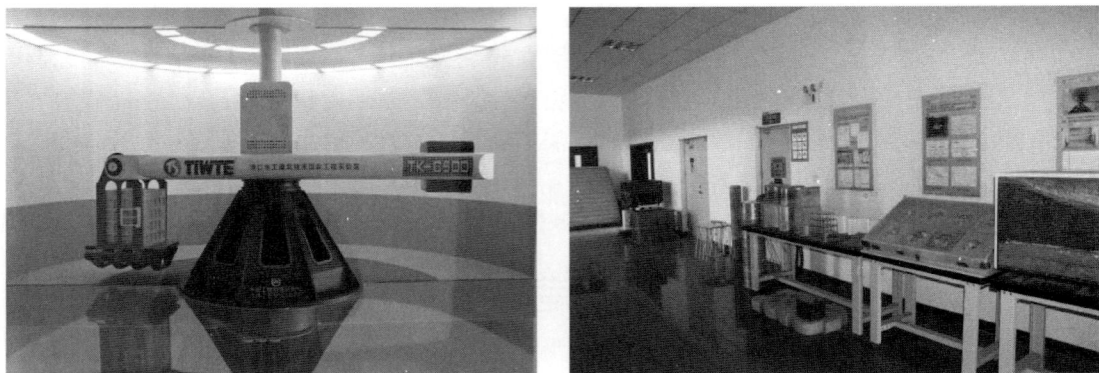

图 6-15　土工离心机实验室

交通运输部天津水运工程科学研究所目前拥有"港口水工建筑技术国家工程实验室""水路绿色建设与灾害防治国际科技合作基地""中国–印尼港口建设与灾害防治联合研究中心""国家交通运输科普基地"等 6 个国家级创新平台和 6 个省部级重点实验室。主要依托大型水动力实验中心(临港基地)开展科普服务工作,每年 4—7 月对外开放,接待高校及中小学生、社会团体等前来参观访问,开展社会实践活动。同时面向行业内外专家学者开展调研交流、科技合作,在重大工程、基础研究等方面不断深化,推动科研成果数量和质量不断提升。大型水动力实验中心(临港基地)联合所团委积极招募青年志愿者参与到科普服务工作中,配备了专职科普讲解员 2 名,兼职科普讲解员 15 名,涵盖波浪、泥沙、内河港航、环境、土木工程等多专业领域。

二、科普特色及典型活动

交通运输部天津水运工程科学研究所大型水动力实验中心(临港基地)科普活动形式多样、内容丰富,结合单位工程研究特色,针对不同受众人群设计个性化科普案例并进行讲解,科学普及国家重大工程科学研究过程、前瞻性交通理念。近年来,先后开展了"家属开放日""学生社会实践""科普进课堂"等系列科普活动,按照受众人群分为以下三类:

1. 行业内外专家学者

主要采用预约的方式,通过单位内部网络进行预约。侧重于交通运输相关专业的知识普及。主要开放大比尺波浪水槽实验厅、土工离心机实验室、三峡水运新通道物理模型及悬浮隧道物理模型四个区域,按照提前设计的参观路线,由专业知识较丰富的讲解员结合项目及案例开展讲解,更多地普及单位科研方向在交通运输、环境保护、土木工程、安全节能等领域的开展及应用。

2. 高等院校及中小学学生

接待高等院校及中小学学生的免费参观,侧重于自然现象、水运工程知识的普及,采用预约或邀请的方式,主要开放大比尺波浪水槽实验厅、土工离心机实验室、三峡水运新通道物理模型及悬浮隧道物理模型四个区域,按照提前设计的参观路线,通过讲解员的讲解、观看视频动画和实验过程相结合的方式,让学生对水运工程研究有一个初步的认知,了解学科知识与工程实际应用的相互联系,培养他们对科学研究及科技创新的兴趣。

3. 职工及家属

每年单位院庆等重要活动期间,会组织单位职工及家属开放日活动,采用自愿报名的方式,主要开放大比尺波浪水槽实验厅、土工离心机实验室、内河海港综合实验厅三个区域以及院本部的部分科研场所,按照提前设计的参观路线,通过讲解员的讲解、观看视频动画、参观单位展室等方式,让职工及家属了解单位的发展过程、取得的成果、研究的内容及方向等,活动现场见图6-16。这项活动作为单位文化建设的一部分,更多地让职工及家属感受到单位日新月异的变化,增强职工的归属感和使命感。

图6-16　交通运输部天津水运工程科学研究所所长张华勤讲解单位发展历程

此外,结合单位的专业特色,天科所会开展类别丰富的主题展,如2019年开展的"所庆45周年""贡献天科智慧　助力交通强国""2019国际海洋科学技术装备设备展"等主题展览;结合时势或重大事件开展相关的专题活动,如"科技活动周开放日活动""海洋强国科普行活动""家属开放日活动""协同创新　共筑水上安全防线"主题论坛、"科普进校园活动"等。根据大中小学的社会实践课程要求,接待多家高等院校及中小学开展社会实践活动。《加油向未来》栏目组也利用大比尺波浪水槽进行了"如何应对洪水巨浪"的节目录制,向大众科普波浪及防灾减灾知识。

专栏 6-4 　交通运输部天津水运工程科学研究所大型水动力实验中心(临港基地)
开展中小学生研学实践活动

　　2021 年 4—5 月,为庆祝中国共产党成立 100 周年、天科所建所 47 周年、大型水动力实验基地建设 10 周年,大型水动力实验中心(临港基地)面向中小学生开展交通运输科普研学实践活动。共接待参观团体 8 批次,覆盖 7~15 岁中小学生群体及家长共计 1000 余人,见图 6-17。

图 6-17 　天科所大型水动力实验中心(临港基地)研学实践活动现场照片

活动以"学党史　话水运　大设施科普在行动"为主题,结合我院工程研究特色,科学普及国家重大工程科学研究过程、前瞻性交通理念。主要在内河海港综合实验厅、大水槽实验厅和土工离心机实验室三个区域内开展科普参观及研学实践活动。

环节一:走进大比尺波浪水槽实验厅,亲身感受大水槽造浪的壮观,了解波浪知识及海啸、洪水产生的原因,增强学生防灾减灾意识,学习自救常识,提升自救能力。

环节二:参观土工离心机实验室,近距离接触国内最大的土工离心机实验平台,了解生活中的离心现象,学习离心原理在土工力学及国家重大工程中的应用。

环节三:参观三峡枢纽水运新通道物理模型,了解三峡水运通道在内河航运中发挥的重要作用,近距离观看三峡五级船闸的通航过程。通过对物理模型实验过程的学习了解水运工程研究所解决的关键技术问题。

环节四:参观悬浮隧道物理模型,通过视频及三维动画了解海底悬浮隧道的概念、未来交通方式的进展及交通科技前沿理念,增强学生科技创新的动力,提高学习兴趣。

在研学过程中设置问答环节,从自然现象及身边常见的现象切入,引导学生积极回答问题。同时也鼓励学生主动提问,由讲解老师答疑解惑。

专栏6-5　交通运输部天津水运工程科学研究所大型水动力实验中心(临港基地)配合《加油向未来》栏目组完成节目录制

2017年6—7月,中央电视台《加油向未来》栏目组制作了一期节目,主要解决"当水中连续波浪来袭时,高矮胖瘦不同的人群摆成什么样的队列最安全?"这个问题。为了能够更好地验证答案,栏目组设计了三种队列方案,在天科所大型水动力实验中心(临港基地)大比尺波浪水槽里边完成实验验证。

本次节目录制要完成的实验是模拟在台风、风暴潮等极端自然灾害发生时,引起的大浪对人体的冲击作用。通过真人实验验证三种队列方案(V字形、一纵队、一横排)在1.4米高规则波浪的连续冲击作用下,哪一种更加坚固、更加安全。实验选择1名小孩志愿者、2名女性志愿者和4名男性志愿者分三次完成。

第一组实验:7名志愿者站成一横排,小孩站在中间,形成一个平面一起对抗洪水。当洪水冲击时,原本站成一横排的志愿者很快就被冲散了。

第二组实验:7名志愿者站成V字形,小孩在最前边,经过洪水冲击,志愿者队形完全被冲散了,而且离安全线的距离超过了4米。

第三组实验:7名志愿者站成一纵列,小孩站到最后边,他们成功地抵御了洪水的冲击,没有被冲散。

实验结果显示,一纵列队形受水流冲击面小,结构更加稳固,是最合理最安全的队形。

本次实验主要利用大比尺波浪水槽是目前世界上尺度最大、造波能力最强、功能最齐全这一特点,能够更好地通过接近原型的实验将自然界中的灾害模拟到实验室中,也面向观众普及了洪水灾害来临时该如何进行自救的理论和常识,实验现场见图6-18。

图6-18　天科所大型水动力实验中心(临港基地)配合《加油向未来》节目录制

　　对于无法到科普基地进行现场研学实践的学生,基地开发了科普进校园的科普系列课程。在2021年科技活动周期间走进学校,由单位博士志愿者为学生们上了一堂内河航运发展史的精彩课程。基地还充分利用线上资源开展科普服务,逐步开发了3篇原创的科普视频作品,方便社会大众观看。

三、科普基地建设运行经验

(一)科普基地建设经验

　　交通运输部天津水运工程科学研究所科普基地,主要依托大型水动力实验中心(临港基地）开展公共科普服务，院本部和每洋高新区实验基地也配套部分展教资源，形成一个本部两个基地联动的科普服务模式。2012 年起，随着临港基地科研设施的投入使用及国家工程重点实验室的建成，天科所科普基地的展教设施及资源不断地完善更新，在开展新科研项目的同时，也逐渐丰富科普的内容和形式，开发设计了一批具有专业特色的科普作品。针对部分科研场所及科研设施在开展科研实验的过程中无法对外开放的特点，开发了设备小模型，用于日常科普服务，在不影响科研实验的同时，保证了科普工作的正常开展。

（二）科普基地组织运行经验

交通运输部天津水运工程科学研究所科普基地在单位科技处的领导下，在单位团委的协助下，由大型水动力实验中心（临港基地）负责日常运行及开展科普服务工作，构建了完善的组织架构，拥有一支由多专业、多领域专（兼）职科普志愿者组成的服务团队。其中，大型水动力实验中心（临港基地）工作团队 12 人，具体负责基地的日常管理维护、活动组织接待等，具有明确的分工，包括对外联络、安全保障、预约管理、环境维护、专职讲解员、领队等工作内容。科普志愿服务团队包括青年志愿者 15 人，由单位各专业方向的硕士、博士组成，拥有丰富的专业知识，主要承担科普服务工作中的志愿讲解员工作。为了确保科普基地各项工作的有序开展，科普展教资源的不断完善更新，天科所每年定期组织科普团队及青年志愿者开展业务交流及培训，不断提升科普基地的服务能力和服务水平。

在科普基地体制机制建设和经费保障方面，随着近年来科普服务工作的不断提升，天科所逐步建立并完善了管理体系，制定了《科普工作管理制度》《参观预约制度》《安全管理制度》及《参观活动应急预案》等一系列规章制度。在网站及微信公众平台上设立专栏公布公共科普服务信息，及时更新科普教育活动及科普展教资源情况。科普基地的活动开展均采用免费的形式，经费来源为单位的年度预算经费，科技处和大型水动力实验中心（临港基地）每年有固定的运行经费投入，单位财政拨款部分经费也会用于基地重点科研项目的建设，能够确保科普基地的日常运行与发展。

交通运输部天津水运工程科学研究所大型水动力实验中心（临港基地）以"普及科学知识、倡导科学方法、传播科学思想、弘扬科学精神"为宗旨，结合单位工程研究特色，科学普及国家重大工程科学研究过程、前瞻性交通理念。"十四五"期间，天科所将积极发挥科学研究基地、人才培养基地、国际合作基地、国家科普基地四位一体作用，努力推进科技创新和科学普及的双翼发展，为加快建设交通强国发挥好水运交通国家队作用。

四、科普基地建设启示

结合单位自身特点，开发具有独创性的科普作品。要与博物馆、科技馆等面向社会开放的场馆科普内容不同，能够使参与科普活动的大众有耳目一新的感觉。

在科普基地建设过程中，要确保安全措施到位。科研院所是以开展科学实验研究为主的，科普活动多利用现有的科研实验场地、科研实验设施开展，因此在科普基地建设过程中，要在不影响正常科研生产的基础上，充分考虑到科普活动的路线、展教场所、展教资源等的安全保障措施，确保科普活动安全有序进行。

第四节　北京交通大学交通运输科学馆

一、科普基地概况

北京交通大学交通运输科学馆基地主要包括运输设备教学馆、交通运输国家级实验教学示范中心和交通运输国家级虚拟仿真实验教学中心三个部分。

主场馆北京交通大学运输设备教学馆隶属于北京交通大学交通运输学院，前身是1928年的交通博物馆，现址始建于1951年，原名叫铁道陈列馆，是为存放和陈列当时的全国铁路展览会展品而修建，在1978年更名为运输设备教学馆。运输设备教学馆以交通技术为特色，以铁路运输设备为主，并向综合交通方向发展，现有机车、车辆、信号、线路、综合仿真和铁路发展掠影等六个展馆，占地3500平方米，使用面积1800平方米。展馆珍藏有600余件见证我国铁路发展历程的铁路运输设备实物、模型、图片、视频资料和可操控的通信信号设备，以及反映铁路设备全貌的运输综合仿真沙盘，是北京交通大学向社会大众普及交通知识、传播交大文化、展示交通模型、培养科研兴趣、回顾交通历史、培育家国情怀重要的实践基地和科普基地，见图6-19。

a) 蒸汽机车、内燃机车和电力机车等陈列模型

b) "和平型"蒸汽机车模型

c) 京张铁路百年钢轨

d) 马莱蒸汽机车模型

图　6-19

e) 电气路线设备模型

f) 铁路沙盘模型

g) 交叉渡线道岔模型

h) "和谐号"高速动车组模型

图6-19　北京交通大学交通运输科学馆基地的展陈模型

交通运输国家级实验教学示范中心和国家级虚拟仿真实验教学中心总面积达1600平方米,集中展示我校在轨道交通、城市交通、民航运输等领域的技术成果。这两个国家级的教学中心自主开发并引进了一些观众可实际操作的互动系统,如丰台西编组站虚拟仿真系统,以便观众更直观地了解包括高铁沙盘系统、城市轨道交通列车自动控制系统、城市轨道交通运营组织全景互动虚拟仿真平台、自动驾驶仿真沙盘系统、民航管理模拟系统、无人机自主线路巡检系统在内的相关交通系统。北京交通大学交通运输科学馆(图6-20)荣获"北京市优秀教学成果奖",入选"青年科技创新教育基地""交通运输国家级实验教学示范中心""全国铁路科普教育基地""国家交通运输科普基地"。作为北京交通大学交通运输国家级实验教学示范中心(图6-21)和虚拟仿真实验教学中心的重要组成部分,交通运输科学馆每年承担本科生直观教学任务,接待国内外访问学者、团体及中小学生前来参观、交流访问5000余人次,已成为北京交通大学对外宣传交流的窗口和科普教育基地,在国内外享有很高的声誉。

图6-20　北京交通大学运输设备教学馆

图6-21 交通运输国家级实验教学示范中心

二、科普特色及典型活动

北京交通大学交通运输科学馆科普活动主题丰富,形式多样,结合铁路院校特色,针对不同受众(如交通运输专业大学生、中小学生、社会公众和外籍人士)设计不同类型的科普内容进行讲授。场馆设立以交通运输部、中国铁道博物馆、铁道科学研究院等专家为核心的科普基地专家顾问团,以国家级实验教学示范中心6名专职实验教师、铁道运输专业国家精品课程组30余名教师团队为主体,以北京交通大学"詹天佑班"大学生志愿服务团等科普团队为补充,保障科普活动运行和改进。科普活动按照受众人群分为中小学生、社会公众和外籍人士、交通运输专业大学生三类。

1.中小学生

接待中小学生免费参观,侧重于认知性科普,采用固定时间开放的方式,主要开放运输设备教学馆全部展厅,按照提前设计的展厅参观路线,通过讲解员和电子讲解设备结合的方式,从认知阶段构建中小学生学习交通运输相关知识,加深印象、培养兴趣。

2.社会公众和外籍人士

采用预约的方式接待社会公众和外籍人士,侧重于科普性宣传。主要开放运输设备教学馆全部展厅,按照提前设计的展厅参观路线,通过讲解员和电子讲解设备结合的方式,宣传展馆的历史文物、教学教具和光辉事迹。

3.交通运输专业大学生

构建具有轨道交通特色的"四层次"与"四能力"相结合的科普实验体系。"四层次"即认知性 – 设计性 – 综合性 – 创新性四个层次;"四能力"即运输需求分析、运网规划设计、运力资源配置、运营管理控制四个能力。旨在使学生接受科研创新训练,提升科研实践创新能力,最终形成铁道运输、城市轨道交通专业的"三层次"实验课程内容体系,"三层次"实验课程分别是针对认知性和设计性的单模块实验,需要小组多人合作的综合性实验,结合科研导师长期交叉培养、进行专门科教融合训练的创新性实验。

在此基础上,根据六个展馆的展览侧重点和受众人群,场馆科普活动分为日常参观、主题展/日、承办展三类。

1．日常参观

场馆制定了管理安全制度和开放办法，每周二、周四面向校内外观众免费开放。同时，场馆采用预约制度，社会大众可通过宣传网站在平日里预约免费参观。

2．主题展/日

场馆每年开展类别丰富的主题展，如"院庆120周年""铁路百年掠影展"等专题展览；结合时事或重大事件，开展相关的示范专题展，如"交通运输科技活动周科普活动""改革开放重要成就展"等。除此之外，针对北京市中小学生课外科普活动需求，建设高校实验室中小学生研学工作坊，每年开展"铁路游学"夏令营等专题科普活动。

3．承办展

通过与外单位合作或自身挖潜，组织申报专题展览或科普基地。例如，与中国铁道博物馆合作申报北京科协专题展，申报北京市"中小学生研学教学基地"等。

专栏6-6　交通运输科学馆开办交通运输实验室暑期科普研学试点活动

2021年7月10—25日，为庆祝中国共产党成立100周年、北京交通大学建校125周年，北京交通大学交通运输科学馆面向社会开展交通运输实验室暑期科普研学试点活动。活动由"北京交通大学交通运输国家级实验教学示范中心社会开放服务团"、北京交通大学师生创业团队"高校实验室研学工作坊"组织策划，共接待参观团体26个，覆盖4~16岁京内外学生及家长共计1100余人。

活动以感受大学学习生活、了解中国铁路发展历程、探索"车－机－工－电－辆"铁路生产系统、激发学生们的创新精神为课程目标，主要开展交通运输科学馆参观、高铁仿真沙盘参观、民航模拟训练设施参观与科普讲堂等研学活动，见图6-22。

图 6-22

图6-22　交通运输实验室暑期科普研学试点活动现场照片

环节一:走进全国展品齐全的运输设备教学馆,参观铁路"车－机－工－电－辆"五大子系统设备,了解铁路设备变迁过程,漫步铁路发展史。

环节二:参观交通运输综合仿真控制沙盘,零距离观看仿真高铁运行,了解高速列车背后不为人知的故事,当一把"高铁小小调度员"。

环节三:参观民航塔台管制仿真系统,了解飞机的构造原理,近距离体验飞机的签派过程,看看机场与空管局如何有条不紊指挥飞机,体验一回"小小塔台空管员"。

环节四:走进大学教室,学习交通小知识,感受大学课堂氛围,当一回"小小大学生"。

活动结束后,交通运输科学馆还为参观者准备了小礼品。

本次暑期研学试点活动探索了一条"让更多人知道,让更多人参加,让更多人满意"的活动组织路线;此外,暑期间实验室服务团队新增40人,并进行了简训和实战,服务团队以运输学院和经管学院本科生、研究生为主体,为后续实验室研学参观活动的持续开展打下重要基础。通过在非工作时间对外开放参观的形式,利用实验室闲置资源,推进中小学生科普课堂建设、普及科学知识、弘扬大学文化、响应科教兴国政策,使科技创新成果真正惠及广大师生与社会公众。未来交通运输科学馆将会配合学校持续开展更丰富充实的研学活动,进一步增加开放实验室数量,并针对不同年龄段学生设计差异化产品。

随着科技发展,基地在推进线下的科普活动之外,还逐步建设电子科普资源,实现线上科普。在网络课堂上开设了"铁路史话""高速铁路纵横""交通博览"等线上科普讲座。同时,依据交通运输科学馆的游览路线,发布了运输设备教学馆电子读物资源,通过交通运输国家级实验教学示范中心网站设置的"科普教育"专栏,将目前集成的图片、视频等电子数字化资源面向全社会进行线上展示。

专栏6-7　交通运输原创科普作品大赛

2021年5月22—28日,北京交通大学交通运输科技活动周顺利开展。本次活动是依据科技部、中宣部、中国科协对全国科技活动周的总体安排,以庆祝中国共产党成立100周年,进一步普及科学知识、弘扬科学精神、提高科学素养,展示交通科技创新成就,支撑交通运输高质量发展和加快建设交通强国为活动目的的一次重点活动。

作为交通运输科技活动周的活动之一,交通运输原创科普作品大赛依托交通运输科学馆,于 2021 年 5 月 27 日在红果园宾馆成功举办。活动举办的目的是让北京交通大学在校学生进一步了解运输设备、普及科技文化知识,充分展示交通运输科学馆作为学校对外宣传交流的窗口和科普基地的魅力。

经过初赛筛选,共有六支队伍参与决赛答辩。比赛共分自我介绍与科普展示、命题科普、科普知识问答三个环节。各参赛队伍通过演示文稿展示、视频制作、现场解说等多种方式,进行了新颖的自我介绍、生动的科普展示、风趣的图片解说、活跃的现场抢答,展现出交大学子深厚的科学文化素养和科普原创精神。

环节一:自我介绍与科普展示

每组上场前播放 1 分钟自我介绍视频,播放完毕后各队伍有序进行科普展示,科普展示时间不得超过 5 分钟。每组展示后由各位评委老师进行 3 分钟点评。环节结束后评委进行百分制打分。环节一分数占比:60%。

环节二:命题科普——图片科普

每组抽 1 组图片,展示时间 3 分钟,按图片对应顺序,各队伍进行图片科普展示。每组展示后由评委老师进行 3 分钟点评并进行百分制打分。环节二分数占比:20%。

环节三:科普知识问答

答题环节分为两轮,第一轮为必答题,共 18 题,题型为选择题和填空题,每题 5 分。各组同时作答,答对加分,答错不扣分。作答时间 10 秒。

第二轮为抢答题,共 6 题,题型为简答题,每题 5 分。各组成员抢答,答对加分,答错扣分,其他组可重新抢答。作答时间 1 分钟。环节三分数占比:20%。

比赛中,评委老师与选手们碰撞思想、激扬科普精神,对参赛作品提出相应的意见和建议,帮助同学们打开思维,鼓励同学们进行深入探索研究。大赛最终评出一等奖 1 名、二等奖 2 名、三等奖 3 名,活动现场见图 6-23。

图　6-23

图6-23　交通运输原创科普作品大赛现场照片

　　交通运输原创科普作品大赛培养了北京交通大学在校学生的科普原创精神与实践能力,提高了大学生科学素养,进一步弘扬了科学精神,促进了科技创新和科学普及协同发展。

三、科普基地建设运行经验

(一)科普基地建设经验

　　北京交通大学建设交通运输科学馆科普基地,历史可追溯至1951年,交通运输科学馆部分继承了铁道陈列馆铁路技术展览的展品,后随着学校教学、科研条件的改善,依托国家级实验教学示范中心、国家级虚拟仿真实验教学中心、综合交通运输大数据应用技术交通运输行业重点实验室等高水平实验平台,更新与丰富了实验设备,形成了一批有特色的科普作品,扩大了科普活动的场地,改善了科普活动的环境,极大地提升了基地科普教育的服务水平。

　　基地的建设理念可归纳为"科研反哺教学,教学携手科普",利用高校的优质科技资源和特色行业背景,推动科研资源向教学转化,在此基础上,科普团队积极推进教学实验项目向科普作品和项目转化,设计了面向不同对象、不同特点的科普作品和项目。

(二)科普基地运营组织保障

　　北京交通大学交通运输科学馆构建了较为完善的科普工作组织架构和人才队伍建设和培训机制。基地在学校科研院、本科生院的领导下,由交通运输学院具体管理,专家组成的顾问团为基地建设和运营提供指导,国家级精品课铁路行车组织、交通运输设备等教师团队提供专业支撑,中国铁道学会运输委员会、虚拟仿真联盟交通运输专业委员会等单位提供支持,详见图6-24。其中,核心团队为由交通运输实验中心的专职教师、教师志愿服务团、学生志愿服务团组成的科学馆科普服务团,负责基地建设、日常管理和活动组织,其中教师约20人,学生50人,教师团队相对稳定,学生团队以詹天佑班、学生科协、铁道社团为主体,既有流动也有传承。服务团分工明确,有对外联络、安全保障、场地环境、技术支持、预约管理、活动组织、讲解员、后勤、财务等各工种,定期开展培训。

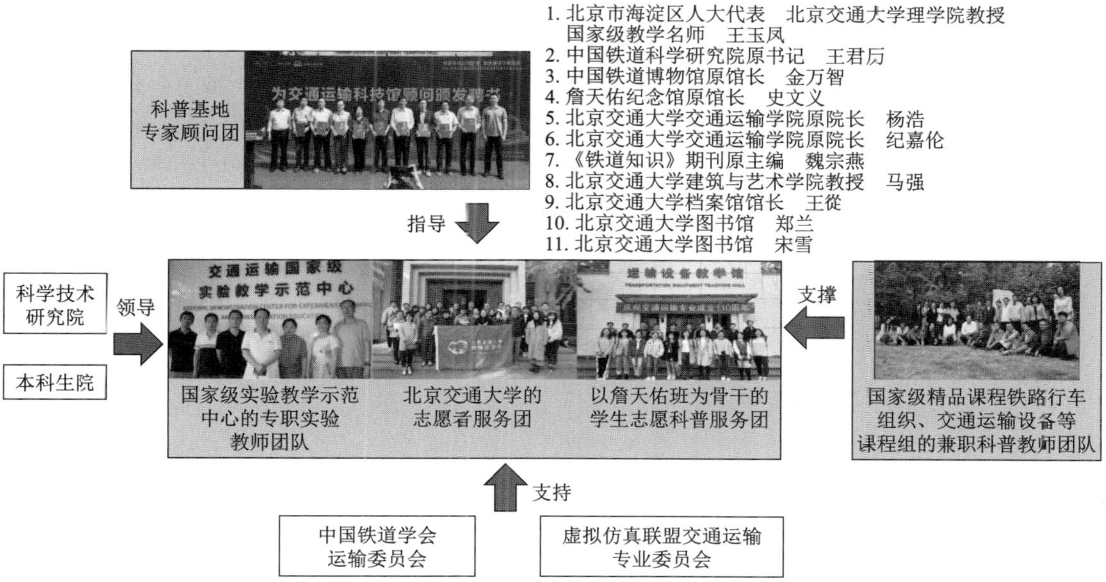
1. 北京市海淀区人大代表　北京交通大学理学院教授
国家级教学名师　王玉凤
2. 中国铁道科学研究院原书记　王君厉
3. 中国铁道博物馆原馆长　金万智
4. 詹天佑纪念馆原馆长　史文义
5. 北京交通大学交通运输学院原院长　杨浩
6. 北京交通大学交通运输学院原院长　纪嘉伦
7. 《铁道知识》期刊原主编　魏宗燕
8. 北京交通大学建筑与艺术学院教授　马强
9. 北京交通大学档案馆馆长　王從
10. 北京交通大学图书馆　郑兰
11. 北京交通大学图书馆　宋雪
科普基地专家顾问团
指导
科学技术研究院
本科生院
领导
交通运输国家级实验教学示范中心
运输设备教学馆
国家级实验教学示范中心的专职实验教师团队
北京交通大学的志愿者服务团
以詹天佑班为骨干的学生志愿科普服务团
支撑
国家级精品课程铁路行车组织、交通运输设备等课程组的兼职科普教师团队
支持
中国铁道学会运输委员会
虚拟仿真联盟交通运输专业委员会
图 6-24　北京交通大学建设交通运输科学馆基地组织架构

在管理工作体制和经费保障方面，科普基地形成了《开放预约管理办法》《大型活动应急管理办法》等规章制度，使得建设、活动开展更加规范。基地活动均向社会公众免费开展，收入来源为学校的财政拨款，学校的科研院、本科生院每年有固定的运营经费投入，财务处的财政专项也会对重点建设项目进行支持，能够保证基地有序运行与发展。

交通运输科学馆主要利用网站与微信公众号进行宣传，除活动宣传和推送外，也定期发布专家科普访谈栏目，同时向合作媒体推送重点活动新闻，与校友活动、招生工作密切配合，扩大影响力。具体采取了以下举措：

(1)组建专家委员会和协办单位。组建包括科学顾问、专家委员在内的专家委员会，为科技馆运营提供智库支持，并吸引行业资源。建立协办单位制度，吸引社会资源和支持。

(2)举办交通相关学术沙龙。通过不定期举行交通科学文化活动，免费为交通相关小型研讨会、学术沙龙、博士答辩提供场地，使得科学馆成为我校交通文化活动的根据地和汇聚地。不定期邀请专家就近期热点问题开展访谈，通过直播等形式传播，提升科学馆影响力和学术地位。

(3)联系企业合作。联系企业提供最新的交通科技成果实物，在不转移所有权的情况下为科技馆提供最新的展品，让科技馆成为最新科技展厅。

(4)设计文创产品，争取捐赠。设计相关文创产品，用捐赠替代销售，既能获得支持，又能扩大宣传。

(5)设立荣誉墙。设置交通校友文化墙、名人榜、捐赠荣誉墙等，集中展示北京交通大学轨道交通重大科技成果、行业内杰出校友成就等，吸引更多支持。

(6)设立自由交流场所。在科学馆周边设置桌椅，为学术交流、休憩提供场所，吸引人流量，提供图书阅读、咖啡等基本服务。

交通运输科学馆正在打造一个实物和资料互相印证、讲解和互动相辅相成，以展示交通运输历史、现在与未来的科普教育基地,为促进公众科学素质的提高、巩固专业学生教学效果,营造了尊重科学、崇尚创新的良好文化氛围。此外,充分依据其交通运输行业优势不断对展示内容改革创新,加强与参观者的互动,进一步建成年富力强、经验丰富的专业讲解队伍,继续为交通运输科学普及提供内容支撑,对交通运输专业教学起到促进作用,为广大参观者提供有益的精神食粮,服务公民科学素质提升和人的全面发展,服务交通运输事业繁荣发展,助力国家和民族软实力的提升。

四、科普基地建设启示

1.建立和完善科普基地建设与利用的长效机制

交通运输科学馆依托北京交通大学交通运输学院建设和发展,建立起了学校学院领导主抓、交通运输专业的实验室以及教学科研岗多位骨干教师为支撑的管理体系,同时吸纳了优秀的本硕博同学,共同组成了专业的基地建设团队作为基地建设的重要组织保障。团队管理机制健全完善,团队凝聚力和可持续性强,为基地的建设发展构筑了长效制度基础,这也是科普基地不断蓬勃发展的必要条件。

2.完善阵地科普基础设施建设,探索新的科普活动手段

科普基地应当依托现有的展览展品资源,硬软件设施要基本具备,场地、展品、计算机、投影等参观和互动设施配齐,开发更多适合青少年、专家、学者、普通公众以及残疾人等不同群体的展览路线和展示方式,以适应不同年龄、职业、文化层次和兴趣爱好的群众需求。交通运输科学馆的展出具有一定的专业性和前沿性,为适应不同层次参观者的需求,配置了专门的解说展板,设计了合理的参观流线,同时辅以专业讲解员,针对不同参观者设置了不同的解说方案,并能引申出交通运输业的前沿发展方向。

3.积极争取各方力量,加大科普基地的经费投入

交通运输科学馆从诞生至今已走过近一个世纪,其间场地和展品经历了多次翻新和整修,逐渐在原有老建筑的基础上打造成了如今现代化的交通运输科普基地。这些均得益于各级领导的重视和科普经费的支持。科普基地可在政府、事业单位大力扶持的基础上,积极引导和吸纳社会资金投入,倡导社会力量共同支持科普基地建设,为大力开展科普阵地建设奠定物质基础。此外,为科普基地人才队伍的培养也不可或缺,应有计划培养一批专业科普人才队伍,完善科普志愿者队伍,承担科普活动的组织、宣讲和辅导工作,为基地提供可靠的人员保障。

第七章

生产设施类交通运输科普基地建设

生产设施类交通运输科普基地是指企事业单位面向公众开展行业特色科普活动的设施，包括大型桥隧、码头场站、特色服务区、公务船舶、交通运行指挥中心等场所。

第一节 港珠澳大桥

扫一扫看基地

一、科普基地概况

港珠澳大桥跨越伶仃洋，东接香港特别行政区，西接广东省珠海市和澳门特别行政区，是在"一国两制"框架下粤港澳三地首次合作建设的超大型跨海交通工程，是世界总体跨度最长、钢结构桥体最长、海底沉管隧道最长的跨海大桥，也是公路建设史上技术最复杂、施工难度最大、工程规模最庞大的桥梁，如图7-1所示。

图 7-1　港珠澳大桥

大桥全长 55 公里,由三部分组成:海中桥隧主体工程;香港、珠海、澳门三地口岸;香港、珠海、澳门三地连接线。海中桥隧主体工程全长 29.6 公里,采用桥、岛、隧组合,其中 22.9 公里为桥梁,6.7 公里为海底沉管隧道,大桥主体工程采用双向六车道高速公路标准建设,设计速度为 100 公里/时,设计使用寿命为 120 年。

大桥于 2009 年 12 月正式开工,在近九年的时间里,粤港澳三地政府精诚合作,全国各地的建设精英云集伶仃洋,不忘初心、牢记使命,攻坚克难、勇于创新,克服了包括海中快速成岛、隧道基础处理与沉降控制、隧道管节沉放对接、大规模工厂化制造、海上埋置式承台施工、水下结构止水、超长钢桥面铺装、交通工程系统集成等诸多世界级技术挑战,用智慧和汗水浇筑了这一举世瞩目的超级工程,在浩瀚的伶仃洋上谱写了中国桥梁建设的崭新诗篇。

2018 年 10 月 23 日,习近平总书记亲自宣布大桥正式开通并巡览大桥。港珠澳大桥是国家工程、国之重器,体现了一个国家逢山开路、遇水架桥的奋斗精神,体现了我国综合国力、自主创新能力,体现了勇闯世界一流的民族志气,这是一座圆梦桥、同心桥、自信桥、复兴桥。

2021 年 5 月,交通运输部和科技部授予港珠澳大桥为首批"国家交通运输科普基地";7 月,中宣部授予港珠澳大桥"全国爱国主义教育示范基地";此外,还被广东省、珠海市有关部门和行业协会认定为"广东省爱国主义教育基地""广东省科普教育基地""广东省青少年科技教育基地""珠海市科普教育基地""全国公路科普教育基地"。结合打造世界级运营品牌的发展目标,港珠澳大桥以科普基地为依托,充分发挥科普基地作用,积极推动大桥东人工岛旅游项目,打造"工程 + 文创"产品。

港珠澳大桥基地展厅重点展示国家工程、国之重器,弘扬逢山开路、遇水架桥的奋斗精神,展现我国综合国力、自主创新能力以及勇闯世界一流的民族志气。其中的港珠澳大桥管养中心展厅位于珠海市香洲区横龙路 368 号港珠澳大桥管理局办公楼一层,占地约 264 平方米,包含数字沙盘、各方关注、建设历程、空间轴、桥岛隧展示区、U 形视频展示区、演播室等多个模块,采用互动电子设备多视角展示港珠澳大桥的相关文字、图片、视频,详见图 7-2。

a)"立体模型+动态投影"数字沙盘　　b)触控显示屏

图 7-2

c)触控显示屏

d)VR模拟搭建设备

e)U形视频展示区

f)演播厅

图7-2 港珠澳大桥管养中心展厅

（1）数字沙盘：采用声光影视结合大桥三维模型，展示港珠澳大桥总体情况。

（2）各方关注：展示2007—2021年间世界各国政府政要、专家同行到港珠澳大桥参观考察的影像。

（3）建设历程：采用图文形式展示2003—2021年间港珠澳大桥筹备、建设、通车营运过程中的重大节点。

（4）空间轴：展示港珠澳大桥主体工程各个阶段的主要情况、参建单位、技术难点及创新工艺工法等内容。

（5）桥岛隧展示区：采用三维动画与模型结合，互动展示了桥、岛、隧的核心亮点。

（6）U形视频展示区：采用多台投影仪多视角展示三维动画，为观众营造身在大桥上的沉浸式观光体验。

（7）演播室：配置36个固定座位、14个移动座位，可容纳50人观看港珠澳大桥相关影视作品。

港珠澳大桥东人工岛展厅高4层，室内面积约2600平方米，采用半椭圆形布局；室外面积约4000平方米，设有360度环形观景平台，可远眺白海豚岛、青州航道桥（中国结）、香港大屿山等壮美景观。目前东人工岛展厅一侧展出大桥建设期摄影代表作品共34幅，另一侧展出大桥总平面图以及桥岛隧各部分工程技术亮点的20个沙盘模型。未来大桥东人工岛将按照国家有关部委、广东省、港珠澳大桥三地联合工作委员会有关要求，推进粤港澳大湾区世界优质旅游目的地建设,发挥爱国主义教育、科普教育、人文交流的功能,打造成为连接粤港澳三地的民心桥和世界级的地标景区,见图 7-3。

a)360度环形观景平台

b)港珠澳大桥建设期摄影代表作品

c)模型展示(沉管预制厂)

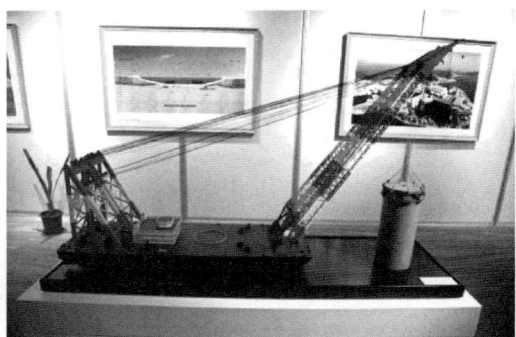

d)模型展示(起重船"津泰")

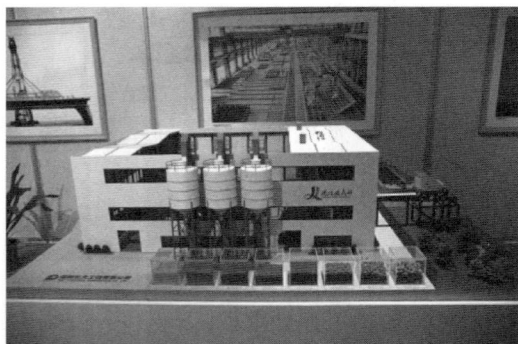

e)模型展示(集料工厂)

f)模型展示(碎石整平船"津平1")

图 7-3　港珠澳大桥东人工岛展厅

二、科普特色及典型活动

港珠澳大桥的科普基地活动形式主要以接待参观和外出交流相结合,充分利用港珠澳大桥自身的资源优势,实施世界级品牌战略,打造国家级科普基地、爱国主义教育基地、人文高地。围绕港珠澳大桥的设计理念、建造技术、施工组织、管理模式等方面的创新,以及港珠澳大桥建设者逢山开路、遇水架桥的奋斗精神,从科技创新成果、人与自然和谐发展、粤港澳三地文化融合、工匠精神、120年全寿命周期、智能化运维等多方面,向公众讲述港珠澳大桥建设历程,弘扬我国工匠精神,普及跨海桥岛隧集群工程建造和智能运维科学技术知识。当前科普活动主要开展形式有以下三种类别。

1. 参观接待

利用港珠澳大桥管养中心展厅设备开展科普活动,向来访人员全面介绍港珠澳大桥建设历程以及运营情况。

2. 参加科普活动

积极参加全国科技活动周、全国科普日、全省科技进步活动月、国家科技创新成就展等活动,向公众普及跨海桥岛隧集群工程建造及智能运维科学技术知识,以点带面,宣传我国交通建设技术发展成果,弘扬科学精神。

专栏 7-1　开发多样化港珠澳大桥模型设备参加大型活动展

2017年9月25日,"砥砺奋进的五年"大型成就展在北京展览馆举办。展览中,港珠澳大桥设计并提供了港珠澳大桥模型、粤港澳大湾区沙盘,供来访人员参观。港珠澳大桥从基础设施互联互通、产业价值链互利互惠、优质生活群共建共享等方面,促进粤港澳三地向更高层次、更深领域、更广范围合作发展,有利于促进港澳与内地的民心相通,进一步增进港澳同胞与内地民众的感情。港珠澳大桥既是合作共赢的基建工程,也是凝聚情感的人心工程。

2019年5月19日,在广州科技活动周相关活动之一的广州创新科普嘉年华活动中,港珠澳大桥基地开发了"VR看港珠澳大桥"设备并在该活动中首次亮相。围绕粤港澳大湾区科技创新和科学传播等内容,活动吸引大量市民到场"玩转"科技,市民可以亲临体验最新研发和首次在广州展出的"VR看港珠澳大桥",模拟开车快速游览全桥,为市民构建身临其境且富含妙趣的游览体验。见图7-4。

图 7-4　港珠澳大桥参加广州科技活动周照片

3.走出去和请进来

面向港澳和内地学生,积极开展港珠澳大桥文化走进校园,邀请学生参观交流,举办大桥讲堂等活动,向学生讲述大桥建设历程、人文故事,普及跨海集群工程的科学技术知识,弘扬大国工匠精神。

专栏7-2 "科学之光"粤港澳学生研学夏令营活动

为让青少年学习粤港澳大湾区建设规划、了解粤港澳大湾区科技前沿和科研成果,促进粤港澳青少年的学习和交流,2019年7月20—23日,粤港澳大湾区科技馆联盟举办2019年"科学之光"粤港澳学生研学夏令营活动,旨在提高青少年学生的科学素养,加深他们对粤港澳大湾区规划发展的认识,促进粤港澳青少年学生思想文化交融,吸引他们积极参与粤港澳大湾区建设。

100位青少年学生由粤港澳科技馆联盟成员单位选拔推荐,来自不同的地方,有着不同的成长经历。他们于7月20日从广东科学中心出发,一起前往港珠澳大桥进行深入探索,聆听建设者的故事,探讨工程背后的艰辛和超凡技术,不仅开阔了眼界,增长了见识,还收获了深厚的友谊。

活动期间,同学们乘坐巴士穿越世界上最长的、被誉为"新世界七大奇迹之一"的跨海大桥——港珠澳大桥,见证了奇迹,感受祖国的伟大。随后前往港珠澳大桥管理局寻访大国工匠,跟随港珠澳大桥管理局专业讲师的脚步,通过图片和视频动画,深入了解港珠澳大桥的设计建造者们,探究大桥和工匠们背后的动人故事。

通过此次研学之旅,学生们不仅学习到科学知识、开阔眼界,更真切地认识到国家工程、大国重器背后的艰辛历程和伟大成就,更深刻地感受到粤港澳大湾区的发展前沿技术,更全面地认识到新中国成立70年及改革开放40年的发展成就,见图7-5。

图7-5 "科学之光"粤港澳学生研学夏令营活动现场照片

三、科普基地建设运行经验

(一)科普基地建设经验

港珠澳大桥科普基地建设充分利用港珠澳大桥自身的资源优势,展示我国交通基础设施建设成就,弘扬工匠精神,科普桥梁知识,通过港珠澳大桥的影响力,带动更多青少年讲科学、爱科学、学科学、用科学,将港珠澳大桥打造成为连接粤港澳三地的民心桥。

为满足来访参观和科普学习的需求,港珠澳大桥管理局在2016年建设了管养中心展厅,展厅主要采用互动型数字化电子设备的方式全面展示港珠澳大桥在布局上的统筹规划、合理设置、清晰布点,汇集了大桥各参建单位多方资源力量,收集大桥建设过程中具有重要意义的展品材料。展品主要为沙盘模型、建设期摄影代表作品等,充分展示港珠澳大桥建设先进技术、设施、设备和工艺、工法,展示国家实力和中国力量。随着港珠澳大桥正式开通运营,为提高展厅布展内容的全面性,展厅不断优化布展内容和设备。通过互联网平台和自媒体等资源,打造了港珠澳大桥网上展览馆,协助拍摄并发行纪录片《超级工程》、纪录电影《港珠澳大桥》;大型交响音乐会《梦桥——致敬港珠澳大桥》在国家大剧院和北京中山公园音乐堂成功演出,音乐会从多个维度展现港珠澳大桥建设之风采,奏响桥梁建设者们踏浪弄潮、奋进新时代的精彩乐章。同时,通过报告文学《中国桥》《虹起伶仃》《工地书记》等文化精品,全方位、多形式地向公众全面普及跨海桥岛隧集群工程建造及智能运维科学技术知识,弘扬大国工匠精神,讲好大桥故事。

（二）科普基地运营组织保障

港珠澳大桥管理局在2020年成立了科普工作小组,专项负责科普工作的管理及实施,并在科普基地的运营过程中,不断壮大科普队伍,科普工作人员(包括科普志愿者)大都参与了港珠澳大桥建设全过程,专业背景和实践经验过硬。同时,为提高基地管理水平,加强对科普工作的指导和协调,港珠澳大桥管理局制定了港珠澳大桥科普基地管理办法,明确了工作目标、管理机制、职责分工、应急预案、服务要求、队伍建设、培训计划、评估考核等工作。

（三）科普宣传渠道和外部资源协调

港珠澳大桥管理局通过各互联网平台、港珠澳大桥官网、微信公众号等媒体以及科普研学活动、志愿者活动等,多方位宣传并取得良好效果。同时,积极联合专业机构和单位,开发港珠澳大桥科普研学产品、文创产品,并拟针对不同年龄阶段编撰港珠澳大桥科普研学教材,开展科普活动和基地共建,加强科普场馆建设等。

四、科普基地建设启示

1. 深化港澳科普合作,增进三地人文交流

港珠澳大桥连通粤港澳三地,不仅拉近了三地的交通距离,更是拉近了三地人民的情感距离。作为位于粤港澳大湾区的国家级交通运输科普基地,应当充分利用自身邻近港澳的优势,通过与港澳地区的中小学校、学术社团等建立联络机制,积极开展科普活动,激发港澳同胞的爱国热情、增强民族自豪感,促进粤港澳大湾区建设,增进三地人文交流。

2. 探索市场化,创新科普形式

由于部分科普基地并非全额财政拨款单位,在开展科普工作时常常遇到科普经费紧张的

问题。除国家有关部门和上级单位应对科普基地经费大力支持外，科普基地必须坚持公益性和经济性并重，将科普工作与市场接轨，吸引更多的市场资金投入，进一步促进科普与旅游、文化等资源的深度结合，并不断探索市场运作模式，充分利用社会专业资源参与科普事业，创造有活力的、可持续的科普创新形式。

第二节　道路绿色照明与安全防灾新材料试验室

一、科普基地概况及科普展示内容体系

扫一扫看基地

道路绿色照明与安全防灾新材料试验室成立于 2018 年 3 月，坐落于长三角城市群安徽省滁州市，位于滁州市全椒县十谭现代产业园光辉大道 31 号，依托于安徽中益新材料科技股份有限公司，具有节能环保与道路安全照明新材料研发、试验检测与生产能力，主要进行道路绿色照明与安全防灾科学技术知识、多功能储能式发光材料与防灾应用技术的宣传普及。

基地总占地面积超过 10000 平方米，分为室内外两个展示（或演示试验）区域。其中，室内区域面积超过 3000 平方米，包含 9 个专业试验室、2 个多功能储能式发光材料应用技术展示区、科普文化长廊以及 1 个多功能媒体报告厅，如图 7-6 所示。具体包括交通道路用各类材料分析试验室，光源质量检测试验室，雨雾与色温影响视觉关系试验室，烟雾与色温影响视觉关系试验室，负氧离子耐沾污与消释雾霾试验室，狭长空间壁面与路面亮度对比影响视距关系试验室，多功能储能式发光材料应用试验室，光环境质量影响因素试验室，公路隧道安全评估模拟试验室，多功能储能式发光材料在地铁、市政管廊、民防工程应用示范体验区，多功能储能式发光材料生产工艺及产品应用展示区，道路防灾与环保科普文化长廊以及多功能媒体报告厅。

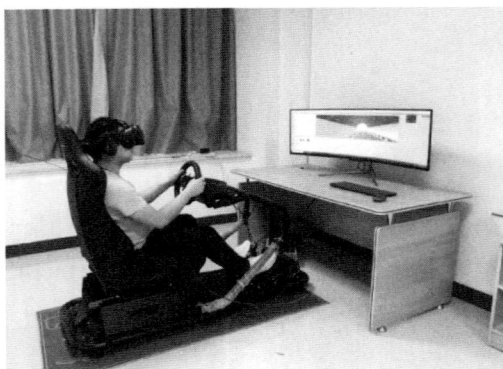

a)公路隧道光环境质量评估平台系统

b)雨雾与色温影响视觉关系试验室

图　7-6

c)隧道无灯照明展示室(开灯效果)

d)隧道无灯照明展示室(关灯效果)

e)室外实体隧道（夜间无灯效果）

f)室外实体隧道（夜间开车灯效果）

g)自发光的科普宣传栏（白天）

h)自发光的科普宣传栏（夜间）

图7-6　基地部分室内外展示区

　　室外区域面积超过7000平方米,建有专用于隧道照明光环境与防灾试验研究的两车道隧道1座、市政自发光广场景观地坪示范区、旅游景观休闲自发光道路示范区、智慧控制照明示范区、自发光公园景观照明示范区、多功能储能式发光道路标志标牌应用示范展览区。

　　基地现有仪器设备110余台(套),所有设备原价值超过三千余万元,均可供公众参观。部分仪器设备可在工作人员的指导下进行简单操作,并有光环境质量评估的VR、眼动、脑电波生理仿真模拟系统。目前国内首例公路隧道无灯演示系统、公路隧道多维光环境照明演示系统均可在本基地参观到。基地自建成以来,除科普宣传外,也是同济大学、天津大学和复旦大学相关专业的本科生、研究生教学、试验和研究的实践基地。

基地秉承"科技成果共建共享"的理念,成立科普传播专家委员会,积极开展科普进校园、进社区等形式多样的科普活动。通过出版优质科普图书、折页、挂图、视频,以及应用网站、微信、微博等新媒体加强道路照明和安全防灾知识的宣传普及,线上线下相结合,最大限度地提高科普知识宣传效果。

二、科普特色及典型活动

道路绿色照明与安全防灾新材料试验室现有专职科普人员 6 名、兼职科普人员 14 名,基地科普展示形式多样、内容丰富,基地拥有完善的管理制度及开放制度,结合基地新材料及其应用成果,可满足受众到基地开展科普活动及外出科普活动。

基地科普活动按照受众人群分为行业从业人员、学校师生、普通民众三类。基地开展科普活动主要分为以下三类。

1. 主题科普活动

每年的全国科普日、全国科技活动周等重大主题科普活动期间,以参观考察、科普讲座、科普展板、科普巡展等形式开展"科普进校园""社区科普""科普大讲堂""科普志愿服务"等科普活动。

2. 开放日科普活动

在工作日,到访人员根据需要向科普基地预约登记,科普基地统一安排后接受参观或开展科普活动。

3. 科技论坛活动

(1)根据行业发展需要,在基地每年举办一次"小规模、高层次"的交通科技论坛,邀请行业内院士、知名专家、学者,针对交通行业存在的科技痛点开展技术交流与研讨。

(2)在国际交通运输大会、中国公路学会技术交流会等行业学术大会上进行专题科普讲座、科普展览。

专栏 7-3 "百年回望:中国共产党领导科技发展"主题活动

2021 年 5 月 25 日上午,国家交通运输科普基地——道路绿色照明与安全防灾新材料试验室响应国家号召,开展了以"百年回望:中国共产党领导科技发展"为主题的科普教育活动。基地分批次接待了滁州市乡村中小学师生累计 1200 余人来参观,见图 7-7。

本次活动在基地讲解员带领下,参观师生通过科普讲座、趣味问答、实体参观、走进科普长廊等活动形式,在多功能报告厅听取了关于"科技引领道路绿色发展"的主题讲座。讲解员以生动的讲解,将道路绿色安全理念深植于学生心中,以趣味竞答的形式向青少年普及科学知识、弘扬科学精神,培养学生自主树立科学意识。

在讲解员的带领下,同学们有序参观了多功能储能式发光材料演示室和试验室。在认真听取讲解员讲解的同时,同学们不断提问,或侧耳倾听,或驻足观看,用手中小小的电筒涂鸦出一幅幅科技蓝图。在参观智能控制照明系统时,同学们一致发出惊叹,一位同学说道:"我将来也要发明一种新型灯具,不怕水,不怕火,没有电也可以一直亮。"

图 7-7 "百年回望:中国共产党领导科技发展"主题活动现场照片

通过此次科普活动,同学们不仅了解到在中国共产党领导下的我国公路发展史,也学习到更多关于道路交通光环境改善技术的基础知识以及交通安全等方面知识,极大地激发了同学们对交通科学的兴趣,为同学们树立成才目标奠定了优良的基础;同时本次活动的开展也增强了大家的节能减排意识。

本次活动也是在企业生产闲暇之余,将最新的科技成果和生产设施对中小学生开放,激发孩子对科学技术知识的兴趣,通过"亲动手、真体验"的方式让学生参与其中。科普部专职人员提前与市县中小学联系沟通,组织不同年级学生分批次来基地,利用检测试验室场地和设备资源向学生展示各类研发用精密仪器设备,制作精美的交通科普知识讲座课件,采用授课和实操相结合的方式让学生充分领会科技创新带来的生活便利。

专栏 7-4　道路隧道创新与低碳化建设科普主题活动

2021 年 10 月 29 日上午,由安徽省公路学会主办,安徽省公路学会道路专业委员会、监理检测专业委员会及滁州市公路学会协办,安徽中益新材料科技股份有限公司承办的"安徽省科协专题科普活动暨道路隧道创新与低碳化建设科普活动"在国家交通运输科普基地——道路绿色照明与安全防灾新材料试验室召开,安徽省公路交通行业专家及技术人员120 余人参加活动,如图 7-8 所示。

图 7-8　道路隧道创新与低碳化建设科普主题活动现场照片

本次活动是为了响应省科协的专题科普活动,结合安徽省公路低碳建设的特点和新技术应用而开展的一场学术与科普相结合的重要活动。本次活动由三部分组成。

活动第一项内容:四川省工程勘察设计大师、教授级高级工程师李玉文在线上向大家作

"基于交通强省的四川公路隧道创新与展望"主旨报告。该报告向大家科普了针对四川地区复杂地质工程的公路隧道建设,系统地介绍了四川典型工程的设计及应用情况,让大家认识到将低碳设计理念融入交通工程中的必要性。

活动第二项内容:由国家"万人计划"科技创新领军人才、安徽省技术领军人才、中益新材料科技有限公司董事长冯守中教授作"公路隧道低碳化建设的发展方向"主旨报告。冯教授首先强调了公路低碳化建设的意义和必要性,随后分析了影响公路隧道低碳化的因素,最后提出了公路隧道低碳化的技术措施及未来公路隧道低碳运营的发展方向。

活动第三项内容:参会全体人员在道路绿色照明及安全防灾新材料试验室参观了地铁、管廊民防工程、道路提升视距、透雨雾提升视距、公路行车绿色照明隧道等科普演示。

三、科普基地建设运营管理

(一)科普基地建设经验

基地依托的安徽中益新材料科技股份有限公司是一家从事道路交通安全材料的生产、研发、销售的国家高新技术企业,拥有的核心自主知识产权"多功能储能式发光涂料"自 2008 年开始进行成果转化,最早是通过科研项目示范工程推广应用。由于该技术和产品在公路交通行业可提高行车安全、减少照明能耗,越来越多的交通行业建设、设计、运营单位开始关心此类技术和产品,也有很多单位组织来公司考察参观。因此,基地建设的初衷就是想把技术和理念传播给更多的人群,将产品工艺流程和应用通过科普的语言展现出来,更加方便交通专业人群掌握和普通受众理解。生产设施类的科普基地在建设初期就具备其他类型基地不拥有的优势,生产的设备、仪器、产品均可直接用于科普展示,无须再增设,减少了前期的资金投入,科普人员从相关科研部门抽取或兼职,自身就熟悉技术和产品,无须再进行培训,降低了人员培训和聘用成本。

道路绿色照明与安全防灾新材料试验室依托于安徽中益新材料科技股份有限公司,基地的建设重点为理念建设、场馆建设、网络搭建、资金筹措、安全管理,遵循"科技引领安全,材料展现绿色"的科学理念,运用"虚拟+现实"相结合的多维科普展示形式,制定人员、设备、安全保障等系列管理制度,保障科普基地日常工作的高效、有序开展。

(二)科普基地组织运行经验

1. 体制机制保障

(1)公司成立科普工作领导小组,科普基地主任、专职副主任、常务副主任等人员职位明确。聘用交通行业知名专家学者成立科普传播委员会,加强工作制度建设,完善基地设施建设,统筹安排各项科普工作。基地由总经理牵头,成立"全国公路科普教育基地公路节能照明与安全防灾新材料试验室科普传播委员会",开创了交通行业院士领衔做科普的先河。委员会共聘任了 24 位专家委员,均为正高级职称,他们分别来自公路交通行业内的全国知名研究院、设计院、建设单位及高校,中国工程院谢礼立院士担任名誉主任、交通运输部公路局原局长李彦武任主任、交通运输部公路科学研究院副总工程师王华牢任副主任。委员会的成立将科普深度融入我国交通事业大发展的契机中,提高了自主创新能力,提升了科研平台建设质量,弘扬了科学精神,深度开发了科普资源和技术支持,也更好地进行了道路绿色照明新材料的科普宣传。

(2)明确科普工作的目标责任,贯彻安全管理制度。公司各级领导和管理人员定期督查各项工作推进力度,及时协调解决工作中遇到的困难和问题,保障各级各部门开展科普工作高效联动,避免因工作范围不明确影响科普工作的开展。

(3)坚持生活科教相结合,会同科技、教育等部门,采用不同形式,抓好交通领域实用科普知识和技术知识培训。做好新产品、新技术的经验示范和推广应用工作,努力提高人民群众的科普综合素质。

(4)实施科普工作和科普档案管理制度化、规范化。统一规范、完善科技科普活动台账、科普工作管理制度或办法,并完善各类科普档案管理制度。明确科技科普指导员的职责和任务,年初制订全年工作计划和有关规划、方案,年底形成总结材料,科普小组在科普活动中形成的材料应及时整理归档。

(5)为提升全体员工投身科普事业的积极性,公司将专(兼)职人员科普教育工作成效纳入绩效评价或表彰奖励范围,表扬并奖励在科普活动中表现突出的集体和个人。

2. 经费保障

公司有稳定的科普经费或专项科普经费投入,优先安排有关科普专用设施维护及科普经费等,以保证科普宣传的质量。

3. 人才队伍培养

基地依托企业属于国家高新技术企业,科技人员占比超过35%,公司的科普人员都是从技术部门抽调来开展全职或兼职工作,他们对技术和产品足够熟悉,避免了专业知识培训环节,提高了工作效率。

4. 宣传渠道

公司自身搭建完善科普基地网站、微信公众号、微博等科普宣传平台,积极宣传科普知识。此外,主要开展常规宣传、重点宣传相结合的宣传模式,坚持全方位、广覆盖宣传。宣传重点以走校园、进社区等方式为主,采取集中培训、互动交流、有奖问答等方式。

四、科普基地建设启示

(一)科普经费

生产设施类交通运输科普基地的建设,首先要保障科普基地的资金来源及基地建设不影响公司的发展,协调平衡好生产与科普工作之间的关系。科普基地的经费全部来自企业自筹,科普经费列入企业运营管理计划中,根据每年的科普计划,充分保障科普经费使用。

（二）科普人员管理

生产设施类交通运输科普基地与其他类型基地的不同之处在于，科普人员一般来自企业内部，且必须了解企业产品及技术的原理和应用。合格的科普人员在上岗前需进行岗前科普培训，对已有的专业技术知识进行科普化转换。兼职科普人员还需处理好日常工作与科普工作的平衡关系。

（三）科普展示内容

生产设施类交通运输科普基地充分利用生产企业的自身优势，以时间为轴充分展示科普成果，从提出理论、科研实验、试生产、产品检测到成果落地、项目展示等一系列过程，打造完整的时间链科普展示空间，充分展示出创新创造的意义。

（四）科普传播渠道

生产设施类交通运输科普基地的建设，要积极扩充基地宣传渠道，扩大科普对象范围，保障科普基地的公众熟知度。基地应依托企业网站，设立科普专栏，包括基地简介、科普展示内容、联系方式等内容。此外，可以利用微信公众号、微博等新媒体进行科普宣传，有条件的还可以建立抖音账号来获取流量，吸引更多人参与科普。

第三节　天津中远海运航运服务有限公司游船码头

扫一扫看基地

一、科普基地概况

天津中远海运航运服务有限公司游船码头（以下简称"游船码头"）航海科普教育基地于2020年9月正式挂牌落成，其前身为始建于20世纪80年代初的天津远洋船务公司码头。基地位于天津滨海新区渤海石油路191号，总占地面积1500多平方米，海域使用面积约7200平方米，海岸线长300余米。游船码头位于新港船闸以南200米，地处渤海、海河、闸口湖的交界处，紧邻天津海河出海口，拥有得天独厚的地理优势。2019年，按照中国远洋海运集团天津公司的战略部署，原天津远洋船务公司码头全部资产、人员划入天津中远海运航运服务有限公司。天津中远海运航运服务有限公司接手码头后，经过大半年时间全方位、立体化、功能性的升级改造，区域内各项设备设施焕然一新。在承担为天津港、临港及锚地中外各类型船舶科学事业提供淡水、接送船员、物料运输、卫生检疫检验联检租船等服务业务的基础上，投资上千万元，成功打造华北地区首家集航海科普教育、青少年拓展研学、党建交流培训、海上旅游观光、公益志愿服务于一体，具有鲜明航海、航运、地域港口特色的主题科普教育基地。

游船码头航海科普教育基地总体划分为多功能趸船教室、仿真航海模拟器体验区、船舶模型展示区三个主要的功能区域，见图7-9。多功能趸船教室可以承载120人同时开展学习培训，位于游船码头趸船一楼,可以随时按照需求为客人提供不同的活动场景。配有大屏幕及投影设备,为各类活动提供硬件支持,可以在海上承接各类培训、研学、党建活动等,独具特色。

图 7-9　游船码头基地多功能趸船教室

　　仿真航海模拟器体验区(图 7-10)建设投资规模达近百万元,建设内容为船舶动态仿真系统 1 套,其中包括教练员站 1 套、180 度水平视场角本船 1 套(采用 7 通道液晶电视显示)。真实模拟了 60 条船模(包括集装箱、散货、军舰、游艇、渔船、油轮、客船船型)、30 余个港口数据(包括天津港、厦门港、香港维多利亚港、青岛港、大连新海湾港、深圳 LNG 港、深圳蛇口港、大连 LNG 港、三亚港、连云港、钦州港、上海港、上海外高桥港区、洋山港、南宁邕江码头、广西南宁牛湾港、贵港港、广西横州船闸、梧州港、靖江港、南通港、武汉港、芜湖港、安庆港、铜陵港等),接近真正船舶的体验感,增加了人员落水救援、船舶消防演练和救生演练等场景的真实再现,是国内仅有的真正建在海上的大型航海模拟器,能够让参观者亲身体验船舶驾驶的畅快乐趣,近距离感受远洋航海的无限魅力。

a) 船舶模拟器展示　　　　　　　　　　　　　　　b) 船舶模拟器俯瞰

图 7-10　游船码头基地仿真航海模拟器

　　船舶模型展示区(图 7-11)是一条由多艘趸船连接而成的"海上走廊",目前陈列着包括我国第一艘航空母舰——辽宁舰(1∶300)模型在内的不同类型船舶模型 25 个,涉及散货船、杂货船、油轮、LNG 散化轮、半潜船、工程船、科考船等多种船型,几乎涵盖了各个船舶类型。走廊可容纳 80 人参观学习,有专业船长讲解这些船的类型、船的功能、船上的故事。各种船模与

"海上走廊"一起,形成了"海中有船、船中有船、船上看船、船上讲船"的独一无二的科普教育方式和场景。游船码头有两艘海上游轮,分上下两层,二层后侧有观景台。两艘游轮分别可容纳 156 人和 220 人,是天津港唯二可以近距离参观和体验天津港工业文明的船舶。

a)"海上走廊"船模陈列

b)大国重器天鲲号船模

c)新柳林海船模

d)青云号船模

图 7-11　游船码头基地船模展示区

游船码头航海科普教育基地充分发挥行业、品牌、资源、区位、历史、文化的集成优势,依托天津地区唯一同时拥有大型游船码头和多条游轮的实体旅游公司的产业背景,致力于打造"科普教育 + 海上旅游"的经营服务新模式,不断突出"沉浸式、体验式、全景式"航海科普教育的特色亮点。自正式落成以来,基地按照天津滨海新区促进旅游业发展三年行动计划"政府引导、市场运作、社会参与、融合发展"的指导方针,以普及航海知识、传播海洋文化为宗旨,以游船码头为平台,积极对接融入区域旅游产业布局,在整合资源、突出特色、打造精品的同时,进一步强化科普教育的功能定位、示范作用和传播能力,广泛向社会和公众开放设施、场所,开展公益性科普活动,充分履行国有航运企业参与航海科普工作的社会责任。

二、科普特色及典型活动

游船码头航海科普教育基地科普活动主题丰富,形式多样,结合航海、航运特色,针对不同受众群体(如航海专业学生、中小学生、社会公众、大学生)制定不同类型的科普教学方案,组织行业专家、专业人士、从业人员进行重点讲授,并配合开展沉浸式、体验式教学。基地精心设计了循序渐进的宣讲内容、观摩路线和体验模式,目前配备了航海经验丰富的船长 4 名和航海相关专业人员 20 多名,并拥有一支以航海院校学生为主体的青年志愿服务团队,确保科普活动专业生动,知识性、开放性强。科普活动按照受众群体分为四大类。

1. 中小学生

侧重"趣味性科普",全天固定时间开放展示区域,按照提前设计的参观路线和科普课程,由专人讲解初级航海知识和故事见闻,激发中小学生对海洋、对航海的兴趣点,以达到启蒙常识、提高认知、传播知识的效果和目的。

2. 社会公众

侧重"宣传性科普",采用定时讲解和参观的方式接待社会公众,侧重于宣传、引导,让更多的人了解航海"是什么、做什么",消除航海行业、专业以及职业的特殊性带给普通社会大众的距离感、神秘感,提高人们对航海及其关联领域的接受度和认可度。

3. 大学生

侧重"社会性科普",采用定时讲解和参观的方式,突出航海认知、船员职业、航海对于世界发展的重要意义和卓越贡献等方面,通过高学历背景、高认知能力、高学习智商人群的引领示范作用,提高全社会对航海专业领域特别是船员职业群体的理解和关注。

4. 航海专业学生

侧重"职业性科普",配合学校和课堂,提供专业场景,增加职业体验,促进"书本知识"向"专业技能"的转化,帮助有远大航海志向的青年人增强职业自豪感和归属感,尽早叩响通往未来职业生涯的"大门"。

游船码头基地组织开展了多种形式的活动,如大学生航运服务专业讲堂,为天津市援鄂医疗队举办别开生面的航海科普教育活动等。以承接学生社会实践活动的形式为广大学生科普航海、船舶和港口等海洋文化知识,为航空类企业、金风科技、中国旅行社等大型企业公司开展研学培训等,均得到了社会各界人士的高度赞许,并积极联系天津市融媒体、"滨海之声"等进行活动专题宣传报道。

2020 年 11 月 13 日,天津中远海运航运服务有限公司首次举办企业文化拓展暨 2020 年团干部履职力培训,各基层团员、团干部代表以及青年业务骨干、通信员等 20 余人到游船码头进行团队拓展及学习交流,感受码头特色文化。2021 年 8 月 13 日,基地举办专业知识讲堂,来自全国各大优秀院校的 170 余名师生来到游船码头进行暑期社会实践活动。2021 年 5 月 29 日,科普基地与哪吒汽车共同举办航海科普亲子活动。现场图片见图 7-12。

基地以游船码头为依托,凭借独特的地理位置优势及资源优势,致力于打造颇具特色的港口工业文化,集科普、研学、社会实践于一体。同时,围绕天津港的历史、天津新港的由来、新港船闸的历史演变、天津船厂和客运码头的前世今生等主题讲好港口发展故事。游船码头的成功运营,为天津市对外形象宣传特别是天津港的窗口宣传,起到了极大的推动作用,在渤海湾区域乃至全国都属独具一格。

图7-12　科普教育基地典型活动

专栏7-5　开展暑期"小小航海家"夏令营科普教育研学活动

2021年7月1—31日,为庆祝中国共产党成立100周年,游船码头开展暑期"小小航海家"夏令营科普教育研学活动。活动由游船码头航海科普教育基地项目组组织策划,共接待参观团体近10期,覆盖4~16岁天津内外学生群体及家长共计200余人。

活动通过航海知识讲解、现代化港口游览、非遗技艺传授等课程,让参加活动的亲子家庭近距离感受海洋的辽阔,感受祖国现代化港口的宏伟与非遗文化传承的魅力。

环节一:由从业二十余年资深船长带领"小小航海家"的家庭走进游船码头船舶模型展示区,了解各类船舶用途与功能,漫步船舶发展史。

环节二：登陆实体船舶参观港口航道，零距离感受祖国港口发展，了解船舶驾驶背后不为人知的故事，当一把"船舶小小调度员"。

环节三：传授航海绳结的种类与系扣方法，由资深船长带领亲手制作，过程幽默诙谐趣味满满，体验一回"船舶小水手"。

环节四：走进多功能趸船教室，与津派非遗艺术大师学习瓷器雕刻小知识，感受民间文化，当一回"小小艺术家"。

活动结束后，游船码头还为参观者准备了小礼品。活动现场见图 7-13。

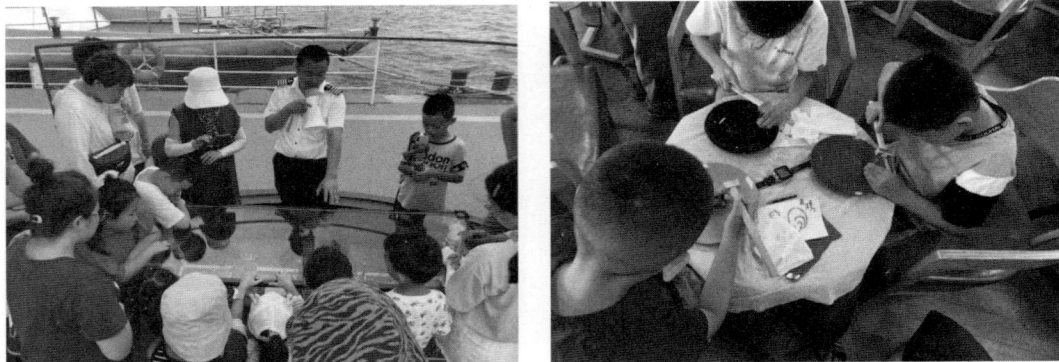

图 7-13　暑期"小小航海家"夏令营科普教育研学活动现场照片

本次研学活动通过"船员的一天"的活动组织路线，为后续基地研学参观活动的持续开展打下重要基础，对推进中小学生科普课堂建设、普及船舶科学知识、弘扬航海文化起到了积极作用。未来游船码头还会进一步开发更丰富充实的研学活动。

三、科普基地建设运行经验

（一）基地建设经验

游船码头航海科普教育基地依托央企的优势资源，加强品牌特色建设管理。作为国家级航海科普教育基地，坚持服务于天津经济社会发展特别是旅游产业发展规划的大局，立足得天独厚的地理位置展现历史深远的文化内涵，积极宣扬航海科普知识，推介天津河海文化、航海文化、船舶文化、港口工业文化，唱响建设"海洋强国、航运强国"主旋律。

游船码头航海科普教育基地项目与教育系统包括中小学及高校建立了良好的合作关系，与周边大沽炮台、海洋博物馆以及周邓纪念馆等机构开展联动，丰富项目内容，达成共赢；借助码头优势，与天津游艇协会合作，开展游艇培训项目；打造天津港公务艇搭靠基地，进一步丰富船舶文化内涵和基地观赏性。基地建成以来，得到了上级公司的大力支持，两年内投资近 300 万元用于基地的基础建设和改造，使基地成为天津港一道亮丽的风景线。基地被天津市滨海新区文旅局选为"网红打卡地"，被中国航海学会评为"航海科普教育基地"。两年来，游船码头航海科普教育基地充分利用基地资源，创新产品项目，增强创效能力，逐步进入创收阶段，实现可持续发展。

（二）基地运营经验

组织管理方面，游船码头航海科普教育基地成立了党组织，强化党建引领，以政治建设为统领，将"教育人、培养人、激励人"作为基地建设根本目标和落脚点，把基地建设与培养青年员工有机地结合起来，以人为本建设学习型、实干型、创新型、服务型团体，不断提升基地的典型示范效应。船务码头负责人担任项目组组长，挑选精兵强将，青年骨干充实项目组成员，形成强有力的人才队伍。在加强学习实践的同时，还把强化内部管理、夯实基础工作作为项目组的重中之重，各项规章制度的建设和落实常抓不懈。通过持续的梳理和完善，项目组已建立航海科普教育基地讲解流程、基础设施管理制度、航海知识手册、船舶知识手册等十余项制度机制和流程标准，形成了较为全面、系统的工作制度体系。青年员工作为公司的骨干力量，抓好专业技能培训和全面素质的培养、及时更新思想意识和知识能力，是紧跟公司转型发展、提升工作效率和质量的必然需求。

培训教育方面，游船码头航海科普教育基地建立常态化业务培训管理制度，定期对业务人员特别是青年业务骨干进行专业技能培训，提高全员能力素质，同时加强岗位练兵及业务考核，优化培训效果验证，形成闭环管理。企业组织多人次参加了专业业务知识、船舶理论、港口文化的有关培训，还支持青年员工在完成本职工作的情况下，进行在职相关专业资格证学习。目前已有8人获有船舶证书、8人获游艇证书、5人获客户服务管理师证书。通过创建青年文明号工作，项目组形成了岗位练兵、岗位成才、岗位建功的浓厚氛围，取得了提高青年思想觉悟、激发青年工作热情、引领青年创先争优的良好效果。

项目开发拓展方面，借助游船码头航海科普教育基地，重点打造研学品牌项目，为学生团体更早了解航海、了解船舶、了解港口和了解海洋贡献一份力量；打造党建主题项目，为党政机关、企事业单位、社会团体等提供别具风格的主题党日活动；打造社会实践营项目，暑假期间，为学生开设夏令营、亲子营活动，让学生们寓教于乐，通过专题讲解、实物观摩等，拓宽学生视野，促进学生全面发展。通过上述品牌活动的推出，引入附加值作为项目创收来源，从而保持基地的可持续发展。在基地自身提供自愿服务的同时，也为社会提供志愿服务岗位，促进志愿服务事业的发展。

四、科普基地建设启示

在海洋强国战略背景下，游船码头航海科普教育基地肩负着青少年航海教育的重要使命，但我国青少年的航海教育仍处于起步阶段，尚未形成理论体系，缺乏航海入门教育。科普基地以身为航运企业为根基，围绕以航海主题科普教育的创新实施策略，在科普教育资源支撑下，逐步探索青少年航海科普教育方向，促使航海科普教育在更具影响力和生命力的征程上前进。

普及航海科普教育，开展更具航海特点和互动性的活动。让来到基地的人们增加对航海运输业的认知并切身地了解体验海员这份职业的与众不同。2021年7月11日是郑和下西洋616年纪念日，也是我国第17个航海日，基地开展了主题为"开启航海新征程、共创航运新未来"的活动。开展的这一系列活动达到了推进全域科普、弘扬郑和精神、传承航海文化、普及航海航运知识的目的，增强了活动参与者的航海、海洋和海权意识，激发了他们爱海洋、爱航海、关注建设海洋强国、交通强国的热情。

第八章

历史文化类和其他类交通运输科普基地建设

历史文化类交通运输科普基地包括展示交通运输发展历史、具有唯一性或独特历史文化内涵的场馆、设施或场所，如灯塔、古道等。其他类交通运输科普基地只有人民交通出版社股份有限公司一家。

第一节　独库公路博物馆

一、科普基地概况

（一）博物馆简介

独库公路博物馆是目前国内仅有的以公路命名的博物馆，它因独库公路而建。

独库公路地处新疆天山中部，南北走向，北起石化基地独山子，南至古丝绸之路重镇库车（古称龟兹），全长 562.75 公里。独库公路翻越哈希勒根、玉希莫勒盖、拉尔墩、铁力买提 4 个海拔在 3000 米以上的达坂，跨过奎屯河、喀什河、巩乃斯河、巴音郭楞河、库车河 5 条天山主要河流，纵穿我国著名的高山草原——巴音布鲁克草原。因沿线地形复杂，气候恶劣，公路病害严重，独库公路被称为"中国公路病害博物馆"。随着时代发展变迁，独库公路以其独有的魅力被誉为"中国最美公路"。2019 年，新疆维吾尔自治区交通运输厅实施病害处治提升服务品质工程，使独库公路更放异彩。

2018 年，为让更多人了解独库公路的筑路历史，弘扬社会主义核心价值观，传播正能量，促进经济发展，克拉玛依市独山子区委、区政府决定兴建独库公路博物馆。经过近两年的建设，博物馆于 2020 年 6 月 12 日正式开馆，馆址位于克拉玛依市独山子区独库公路零公里处。馆内部分历史图片见图 8-1。

独库公路博物馆占地面积约 1720 平方米，展陈面积约 1200 平方米，通过 500 余件实物、近 500 幅照片及几十处雕塑、沙盘、多媒体等艺术品展项，全景式地展现了红色油城独山子的发展历程、独库公路的筑路历史及沿线美丽风光，体现"不朽传奇，独库风华"的主题。博物馆自 2020 年 6 月 12 日开馆至今，已累计接待游客约 16.7 万人，发挥了博物馆强大的教育功能。

2020年12月,被评为"国家AAA级旅游景区";2021年1月,被确定为"新疆维吾尔自治区红色旅游经典景区";2021年10月,被评为"全国公路科普教育基地"。目前,博物馆是"新疆妇女爱国主义教育基地""克拉玛依市爱国主义教育基地""克拉玛依市民族团结进步教育基地""克拉玛依市科普教育基地",第一批校外"大思政课"实践教学基地(场馆),已成为天山旅游的新地标,受到疆内外游客的好评。

a)独库公路在新疆道路交通中的地位

b)独库公路示意图

c)险要路段老虎口

d)哈希勒根达坂防雪走廊

e)当年战士们飞线作业

f)与雪崩等地质灾害斗争

图 8-1

g) 艰苦筑路　　　　　　　　　　　　　　h) 盘山公路

图 8-1　独库公路修筑历程

(二)科普展示内容

独库公路博物馆分序厅"不朽传奇,独库风华"、第一篇章"戈壁明珠,天山骄子"、第二篇章"开天辟地,英雄筑路"、第三篇章"同天四季,魅力独库"、第四篇章"稳疆兴疆,幸福之路"等部分,整个馆的设计融入了多种公路元素,是一座风格浓郁的公路博物馆,见图8-2。

图　8-2

图8-2 独库公路博物馆内景

序厅主要以独库公路沿线景观沙盘立体地图的形式,展现沿线地形地貌、山川河流,直观形象地让游客了解独库公路地形地貌及在新疆道路交通系统中所处的位置,体现其重要地位。独库公路是二十世纪六七十年代开始修建的。在没有独库公路之前,人们从北疆的独山子到南疆的库车,往往要东绕乌鲁木齐或西拐伊犁河谷,1000多公里的路程至少需要走四天。1983年,独库公路贯通后,缩短了独山子到库车近一半的距离,形成了以天山为轴,纵横交错、四通八达的公路网,对于巩固国防、促进新疆经济发展、造福新疆各族人民具有重要意义。独库公路是广大筑路官兵与几代养路人用汗水、心血甚至生命换来的,凝结了宝贵的精神,书写了不朽的传奇。

第一篇章"戈壁明珠,天山骄子"。主要介绍独库公路的起点独山子石化基地百余年的发展历程,让参观者感受独山子这座"戈壁明珠,天山骄子"的魅力。独库公路的起点独山子区是一座红色石油城,是新疆石油工业的发源地,也是中国石油工业的摇篮之一。独山子从1897年土法采油开始,至今已走过百余年辉煌历程,目前是我国第一条跨国原油管道中哈(哈萨克斯坦)原油管道的末站,是全国最大的炼化一体化石化基地。在独库公路修筑时期,这里还是筑路部队的团部,在军民之间谱写出了鱼水情深的赞歌。

第二篇章"开山辟地,英雄筑路"。独库公路沿线地形涵盖戈壁滩、低山丘陵带、中山森林带、亚高山草原带和高山草甸带三大地带。沿线公路病害严重,碎落、滑坡、崩塌、溜砂坡、泥石流、涎流冰、风吹雪、雪崩、冻土等地质灾害频发,独库公路被称为"中国公路病害博物馆"。独库公路的施工难度在我国公路建设史上所罕见,其特点一是地势险要,全线百分之六十是崇山峻岭、深涧峡谷、悬崖峭壁;二是地质复杂,公路病害严重,有五分之一的路段是冻土层和沼泽地、塌方、泥石流地段有二十几处,施工极为困难;三是气候恶劣,沿线有一半以上的路段在海拔 2000 米以上,那里空气稀薄、雪害严重,最低气温达零下 49 摄氏度,年均气温在零下 9.5 摄氏度,大雪封山长达半年;四是工程庞大,全线平均每公里土石方量 4 万多立方米,最多地段可达每公里 70 多万立方米。这一篇章以大量文件、历史照片、实物、纪录片以及雕塑、油画等艺术品展项,展示独库公路产生的历史背景,以及广大筑路官兵在恶劣环境下克服难以想象的困难,修筑独库公路的过程,表现了筑路官兵保家卫国、无私奉献的崇高精神。

第三篇章"同天四季,魅力独库"。独库公路横亘天山,贯通南北,汇聚戈壁、雪峰、冰川、湖泊、林海、草原、峡谷,集人文精神、自然景观、地质博览、生态种群、民俗风情、历史文化于一体,被《中国国家地理》誉为"纵贯天山脊梁的景观大道"。独库公路是一条天山地标景观旅游公路和黄金通道,也是一条促进经济发展、加强民族团结的交通纽带,向世界展示了壮美天山的瑰丽画卷。这一篇章以图文、互动体验的形式让参观者领略独库公路沿线的风景、自然资源和各民族风土人情等,感受穿越独库、领略同天四季之景,这是一场视觉的盛宴,也是一次精神的洗礼。此外,还能了解独库公路在新疆丝绸之路经济带核心区建设中发挥的重要作用,倡导人、车、路与自然和谐共处。

第四篇章"稳疆兴疆,幸福之路"。通过大量图片展示新疆社会和谐稳定、经济高质量发展、民族团结巩固加强、宗教和顺和谐、民生不断改善、文化繁荣发展的崭新局面。

二、科普特色及典型活动

独库公路博物馆馆内展陈形式多样,大量筑路时期珍贵的图片、实物、纪录片具有很高的价值,文物背后感人的故事极具教育意义。馆内专门设计了用于开展爱国主义教育的场地——"礼赞英雄"微讲坛区,能开展爱国主义教育、科普教育活动;馆内大量人物专访视频节目都可作为红色教育的教材;观众互动项目寓教于乐。可以说,独库公路博物馆既是进行爱国主义教育的场所,又是进行筑路历史研究的场所,同时是一座了解天山文化、风土人情、拓展公路与科普知识的良好去处。

开馆以来,独库公路博物馆充分利用馆内资源,根据不同受众制订活动主题,精心设计方案,成功开展了丰富多彩的科普教育活动。为保证活动顺利开展,馆内完善了科普教育相关制度,严格执行安全规章制度等,注重义务讲解员队伍的培养,并积极发挥周边筑路老兵、养路人的作用,增强科教效果。在近年来的不懈努力下,独库公路博物馆已累计接待参观者约 16.7 万人,团队 850 个,受到社会各界的好评。参观者概括起来有如下类别:

1. 筑路老兵

独库公路的建设,前后历时近二十年,在这条公路上奋战过的筑路老兵累计达十万人,他们对独库公路有着特殊的感情,如今他们中的许多人都有重走独库公路的强烈愿望。独库公路博物馆在开馆两年的时间里,在两次由区政府组织的老兵重走独库公路活动中发挥了重要作用。活动侧重与老兵互动,向他们详细介绍沿线其他部队的施工情况及公路病害的处治,让各部队老兵对自己修的公路有一个全面了解,在情感共鸣中达到教育与科普的良好效果。

2.中小学生

在面向中小学生举办的科普活动中,博物馆侧重独库公路的历史和科普知识介绍,采取"馆校结合"的方式,举办"我眼中的独库公路"中小学生绘画展、免费科普周、趣味课堂、争做"小小科普讲解员"等多种形式的活动,将科普进校园活动落在实处。除了在区内中小学生中开展科普进校园活动外,还向周边地区中小学生提供科教服务,仅2021年,针对中小学生进行的科教讲解就有147场次,见图8-3。

图8-3　小学生入馆接受科普教育

青少年一直是接受科普教育的主要受众,独库公路博物馆为做好中小学生的科普教育活动,与区内中小学校充分沟通,根据学校教学情况与博物馆客流量安排了合理的参观时间,为独山子区各校学生及教师提供优质讲解服务。通过参观活动,让广大青少年了解独库公路筑路史和感人的故事,接受爱国主义传统教育,增加科普知识,并了解独山子石化基地发展史和独库公路沿线自然风光,让青少年更加爱祖国、爱新疆、爱家乡。

专栏8-1　开展"中小学生科普教育在身边"主题活动

2021年4月1日,为充分利用独库公路博物馆资源,让中小学生真正了解、领悟、体验独山子的历史和文化,感受天山筑路精神,拓宽视野,增加科普知识,激励青少年传承红色基因,肩负强国历史重任,独库公路博物馆开展了"中小学生科普教育在身边"主题活动。活动贯穿全年,独山子第一小学、第二小学、第五小学和第六小学等学校的共计200多名学生参观了独库公路博物馆,见图8-4。

活动以科普和红色教育内容为主,让学生们带着问题听讲解,活动结束后,讲解员还向学生进行提问,通过现场点评及互动的方式,让青少年群体主动接受革命传统教育,增加科学知识,树立理想信念。

环节一:立志宣誓仪式。小学生入馆,在序厅列队,向少先队队旗敬礼并宣誓,好好学习,报效祖国。

图8-4 "中小学生科普教育在身边"主题活动照片

环节二：参观独库公路博物馆，听讲解员讲解，了解独库公路筑路历史和红色故事，同时学习相关科学知识，采取问答互动形式，增强学习兴趣。

环节三：听82岁高龄的老党员、曾参与独库公路修筑的陈世孝老前辈讲述那段峥嵘岁月，回忆雪崩、塌方、泥石流等公路病害造成的巨大危害，让师生们共同感受当年筑路官兵们不怕苦、不怕难、咬着牙、拼命干的天山筑路精神,懂得现今大美独库的来之不易。

环节四:征文和短视频评比活动。以参观独库公路博物馆为主要内容,学生回校后写一篇作文,谈感想和收获,同时学生还可进馆录制"争做小小讲解员"视频。评出作文与视频一、二、三等奖,馆校联合进行奖励。

3.民众和公路交通系统职工

利用馆内实物、电子屏、展板等资源,向民众普及公路修建历史、公路病害的处治、独库公路沿线地形地貌等知识,在普及公路知识的同时唤起民众对筑路人、养路人的爱戴之心,增强对公路的环保意识。博物馆还开展"筑路老兵讲述"和"养路人讲述"活动,请筑路老兵和公路系统职工入馆与游客互动,让游客掌握更多独库公路路况与建设、养护方面的知识,见图8-5。

图8-5　养路人入馆参加科普教育活动

此外,博物馆还通过开展流动博物馆活动、利用节庆等特殊时日,向前来参观的社会组织等提供高质量服务,引导民众在欣赏文物的同时增长科普知识,培育民众正确的历史观、价值观、文化观。同时,利用博物馆的讲解专业优势,向外提供培训服务,提高馆内外讲解员的科普讲解水平。

专栏8-2　独库公路博物馆开展"重走独库路,老兵再出发"科普游主题活动

2021年6月20日,在中国共产党建党100周年之际,独库公路博物馆举办了"重走独库路,老兵再出发"科普游活动。本次活动由克拉玛依市独山子区委区政府组织策划,来自全国六个省市的独库公路筑路老兵、烈士亲属共计48人参加了活动。在此次活动期间,独库公路博物馆为老兵提供了优质的服务,并配合完成由独山子区委宣传部等部门组织的"信仰的力量"——独库公路筑路老兵讲故事大型访谈节目,受到广泛好评。

活动以回顾筑路艰苦岁月、了解新疆公路发展历程、实地考察公路病害处治现状、激发游客践行公路环保的热情为目标,主要开展独库公路博物馆新疆公路交通沙盘参观、筑路历史参观、筑路老兵访谈与重走独库路科普游等研学活动。

环节一：走进独库公路博物馆，参观独库公路博物馆序厅和第一篇章，了解独库公路地形地貌及在新疆道路交通系统中的重要地位，了解新疆地形地貌和公路交通概貌。

环节二：参观独库公路博物馆第二篇章，了解独库公路筑路历史及公路被称为"中国公路病害博物馆"的原因，了解克服公路病害采取的措施和取得的成果。

环节三：参观独库公路博物馆第三篇章，了解公路沿线地形地貌、山川河流、动植物、矿藏等自然资源，了解沿线各民族风地人情、民俗文化等知识。

环节四：筑路老兵与游客互动，口述筑路时期难忘经历，让游客了解二十世纪六七十年代修筑公路的艰难性，增强对筑路人的尊敬与爱戴，激发游客感恩之心。

环节五：在独山子文化中心举行"信仰的力量"——独库公路筑路老兵讲故事大型访谈节目，邀请中小学生、社区居民、各行业代表参加。筑路老兵忆往昔峥嵘岁月，激发观众爱国热情，同时加深对独库公路筑路历史和公路的了解。

环节六：带领筑路老兵、烈士亲属重走独库公路，实地感受公路变化，回顾往昔、缅怀烈士，了解现在公路建设与养护采取的先进技术。

本次活动为每一位参加活动筑路老兵颁发了"独库英雄"纪念章，新华社、新疆日报、克拉玛依日报、腾讯新闻等许多媒体进行了报道，社会反响良好。为了举办好本次活动，独库公路博物馆加强了管理，强化讲解员培训，提前进行安全应急演练，整个活动安全、有序。

本次活动是第二次组织"重走独库路，老兵再出发"活动，在2020年举办活动的基础上增加了畅游独库公路实地考察项目，进一步积累了经验，探索出了一条"馆内馆外相结合"的科普研学路线。活动现场图片见图8-6。

图 8-6

图 8-6　2021 年,开展"重走独库路,老兵再出发"科普游主题活动照片

三、科普基地建设运行经验

1. 发挥硬件优势,深入持久开展科教活动

独库公路博物馆馆内大量藏品是从公路设计师、筑路官兵手上征集的物品,其中有较多革命文物、烈士遗物,是馆内珍贵藏品。文物背后的感人故事极具教育意义,部分展品见图 8-7。馆内有不少筑路时期的仪器、工具,这些仪器做工精良,保存完好,反映出深厚的文化内涵,是广大官兵一不怕苦、二不怕死,不惧恶劣气候与环境的挑战,顽强拼搏,终使天堑变通途的见证。仪器有经纬仪、水准仪等,是进行科普教育的实物。馆内许多原始蓝图、设计图、施工方案、教学材料、学习笔记等原始资料保存完好,是用于研究独库公路建设的珍贵原始资料。这条公路本身就充满公路科普、天山自然资源科普等内容,博物馆充分挖掘和利用馆内资源优势,强化了主题展览和科普活动,以满足不同受众的需求。同时,博物馆还完善科普基础设施,完善标志说明系统,增加语音导览系统,使说明牌、引导牌、标志牌、电子信息载体等能够更好地服务大众,使科普基地在深入持久的科普活动中更好地发挥教育功能、使用功能和服务功能。

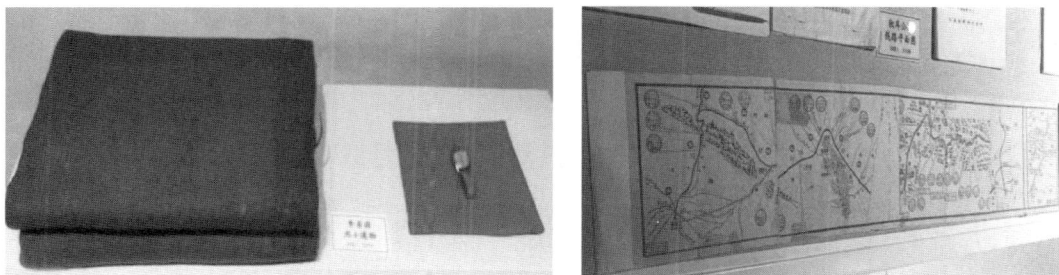

a) 烈士留下的遗物　　　　　　　　　　b) 筑路时期原始资料

图　8-7

c)筑路时期使用的经纬仪、水准仪

图 8-7　独库公路博物馆馆内藏品

2.加强软件管理,提升科普服务水平

抓好管理,做好人才队伍培养是做好科普活动的人力资源保障。独库公路博物馆一是抓好制度建设,建立、健全各项规章制度,扎实开展日常管理工作,强化安保工作,提高全员服务大众的工作质量。二是注重人才培养工作,提升科普人员素质和服务能力。在员工培训上,每季度进行一次安全应急演练,及时整改工作中存在的隐患,提高员工应急处置能力。加强讲解员队伍建设,通过日常培训、专题讲座学习、参加讲解大赛等形式,提升馆内讲解员综合素质,同时积极发展和壮大志愿者队伍,对社区、区党群服务部、党校等单位讲解员进行培训,吸引更多人加入科普志愿者队伍。

3.拓展科普宣传渠道,增强影响力

利用中华民族传统节日,结合"5·18"国际博物馆日、文化遗产日和独库公路通车节、独山子郁金香节、泥火山音乐节等其他重大节庆活动,精心筹划举办形式多样的主题活动,增强教育效果和影响力。采取"走出去,请进来"的方式增强宣传力度,围绕独库公路,充分利用馆内资源开展征文、短视频评比、摄影、绘画等活动,评选优秀作品在网站、微信、抖音等平台发布。邀请媒体工作人员参观,依靠媒体力量增强科普宣传。

第二节　甘肃公路博物馆

扫一扫看基地

一、科普基地概况

甘肃公路博物馆位于甘肃酒泉市肃州区,前身是成立于 1994 年 1 月的酒泉公路总段"十工陈列馆",2016年迁建更名为甘肃公路博物馆,是全国首家公路主题博物馆,主要承担展示甘肃公路发展成果、普及交通科学知识、传承甘肃公路文化、弘扬甘肃公路精神的职责,免费向公众开放。

甘肃公路博物馆占地面积7244.4平方米,建筑面积4271.25平方米。室内展厅面积2000平方米,内设学术研讨厅,车机设备展厅面积5000余平方米。博物馆共设九个单元十个展厅,共展出实物展品282件、文献资料190件、照片1800多张,目前馆藏藏品5910件。其中,馆藏国家一级红色文物——1971年周恩来总理赠送给酒泉公路总段十工道班的东方红75型推土机,它承载着我国公路发展史中的一段光荣史话,是甘肃公路博物馆的"镇馆之宝"。

甘肃公路博物馆以丝绸之路为背景,以甘肃道路历史发展为脉络,以"艰苦奋斗、自力更生、科学创新"为主旨,通过实物展品、文献资料、图片影像、大型沙盘、场景复原等载体,利用先进的声、光、电等多媒体、数字化技术手段,全方位展示甘肃公路发展历史、取得的辉煌成就、交通科技发展历程和未来美好蓝图,以及甘肃公路人艰苦创业、开拓进取的精神风貌。在布展形式上突出知识性、趣味性、观赏性、互动性和艺术性。通过亲手操作和亲身体验,带领参观者步入精彩纷呈的空间,使历经数千年砥砺侵蚀的沧桑印记触手可及。同时博物馆积极创建知识型、科技型、信息型的科普教育基地,旨在促进交通运输科技创新,提高社会大众科学素质和科技创新能力。近年来,面向社会公众开展交通运输科技知识宣讲,宣传交通运输发展成就,开展了一系列社会性、群众性、经常性的科普活动,见图8-8。

a)雕塑"逢山开路、遇水架桥"

b)20世纪60年代公路职工发明的毛驴刮路车

c)20世纪80年代人工炒拌油砂(沥青混合料)

d)机械化公路施工微缩景观

图 8-8

e)兰州中川机场模型

图 8-8　甘肃公路博物馆馆内展品

甘肃公路博物馆一件件实物、一幅幅图片,见证着甘肃公路发展的沧桑历程,展示了交通科技在公路发展中的作用,凝结着甘肃交通人的心血和汗水。只有铭记走过的路,才能走好未来的路。

甘肃公路博物馆自建成开馆以来,接待云南、福建、浙江、河北、重庆、新疆、内蒙古、青海、甘肃等省(区、市)公路交通部门及酒泉市各机关团体、企事业单位、军队、学校、社区及旅游团体 310 多个,参观人数达 10 万余人,社会各界好评如潮。2017 年,博物馆通过了甘肃省文物局设立备案,列入全国博物馆登记名录,是甘肃省博物馆理事单位。博物馆先后被命名为"全国公路科普教育基地""一带一路科普教育基地""酒泉市爱国主义教育基地""酒泉市国防教育基地""酒泉市青少年教育基地""红色教育基地"和"历史再现工程博物馆"。2020 年 10 月在第二届交通运输优秀文化品牌推选展示活动中荣膺传播力文化品牌。2021 年被中共肃州区委、肃州区人民政府评为"文明单位"。

二、科普特色及典型活动

(一)科普特色

甘肃公路博物馆坚持将公路文化传播与交通科技普及相结合,积极服务于交通强国战略,服务于甘肃交通运输工作,采取"走出去,请进来"的方式,努力扩大交通科普工作的广度和知名度,围绕甘肃交通运输建设长期开展系列科普活动。

(1)通过甘肃道路交通发展的历史,诠释交通科技进步对交通发展的重要作用。从过去手持铁锹、洋镐,到今天的养护机械化、智能化的飞跃;从昔日的砂砾路到现在全覆盖的高速公路网,这些历史既是公路发展、时代变迁的缩影,也是科学技术在公路建设中的体现,让广大人民群众感受到"科技是第一生产力",对公路建设起着巨大推动作用,同时向社会大众科普交通科技进步的历程。

(2)注重弘扬科学精神。甘肃经济发展相对落后,地质地形复杂多样,自然条件十分艰苦,甘肃交通人步履维艰、坚持不懈,在顽强拼搏的创业过程中充分发挥聪明才智,积极进行革新改造,破解技术难题,开展新技术研究应用,推进原始创新和引进消化吸收再创新,创造了很多交通科技成果,他们用热情、辛劳和汗水铺就了陇原大地的一条条康庄大道。这种艰苦奋斗、不断创新的科学精神,既是甘肃公路博物馆科普工作的重点,也是科普工作的亮点。博物馆在普及交通科技知识外,更注重倡导科学思想、科学精神、科学价值观、科学发展观,努力培养人民群众探索科学的兴趣。

(3)用先进人物、典型故事开展科普教育。甘肃公路博物馆是甘肃公路交通事业发展壮大的历史缩影,是以慕生忠、张富贵、郑占乾为代表的甘肃交通人艰苦创业的壮阔画卷,见证了甘肃公路交通发展的沧桑历程,体现了甘肃交通人敢于担当、艰苦奋斗的壮志豪情。他们身上有着重视科学、尊重科学、勇于创新的先进闪光点,展现了工程技术人员面对艰苦环境一不怕苦、二不怕死的典型事迹。通过这些先进的人和事,科普教育更加生动。

(4)丰富多彩的科普教育形式。一是在甘肃公路博物馆门户网站、VR展馆、微信公众平台上展示公路建设、养护中的新技术、新工艺、新材料,以及试验仪器、测量仪器、机械设备的发展变化。通过报刊、电视台等媒体,广泛传播交通科技知识,多角度展示交通科技发展成果。二是通过经常更新科技宣传教育片,让参观者全面了解、学习掌握公路科技,不断提升影响力和传播力。主动与新闻媒体合作,加强科普活动的宣传。自开馆以来,在各类媒体共发表与甘肃公路博物馆有关的专题片、稿件60余篇,中央电视台《八棵树精神》纪录片摄制组多次莅临甘肃公路博物馆拍摄取景。三是设计制作科普宣传的挂图、展板、条幅进社区、进站班。印制科普宣传图册1000余份,印制《缘路拾遗——甘肃公路博物馆展品背后的故事》300余册,设计制作融科普性、观赏性、实用性于一体的各类文创产品,既注重科普宣传教育的科学性,也做到科普宣传的通俗性和趣味性。

(5)完善"五心"服务理念,提高服务水平。甘肃公路博物馆树立了"陈展布设要精心、讲解服务要细心、参观接待要热心、助残敬老要暖心、青少年社教要爱心"的"五心"服务理念。针对不同的受教育对象,精心设计科普内容,适应参观者的需求,有组织、有目的、有计划地进行科普教育工作。不断更新数字多媒体系统,提升展示和体验效果,使参观者通过亲手操作和亲身体验,身临其境体会触手可及的印记。在保证公路系统及社会团体等参观学习的同时,更关注学校、乡镇、军营等特定人群的科学知识普及工作。

(二)典型活动

甘肃公路博物馆本着普及交通科技知识、倡导科学方法、传播科学思想、弘扬科学创新精神的宗旨,坚持公益性原则,根据基地自身特点以及公众和社会科普需求,积极创新科普教育活动内容、方法和理论,寓教于乐,让公众感受到科学知识的魅力,广泛开展贴近实际、贴近生活、贴近群众,主题丰富、形式多样,有特色、有实效的科普活动。

(1)与酒泉职业技术学院开展科普合作共建活动,建立了科普教育工作长效机制,酒泉职业技术学院每年组织学生走进甘肃公路博物馆参加科普教育和爱国主义教育活动。甘肃公路博物馆在学校、社区、军队和企业开展交通运输科技知识宣讲和交通科普主题流动展览,见图8-9。

(2)在全国科技活动周、儿童节、国庆节等重大节日,组织中小学生开展形式多样、灵活有趣的科普教育主题教育活动。精心策划、推陈出新,举办形式多样的社教实践活动,不断扩大科普教育范围,让孩子们更多地了解公路发展历史,掌握交通科技知识。

图 8-9　消防救援队参加科普活动

（3）每年重点开展科普宣传"四进"（进学校、进军营、进社区、进村镇）活动主题讲解，精选科普内容，以图文并茂的形式宣讲公路科学知识，展示交通科技发展成果，让参与群众领略科技给生活带来的深刻变化，使科技成果真正惠及广大群众，见图8-10。

a）深入企事业单位开展科普活动　　　　　　　　b）"六一"儿童节开展科普活动

图 8-10　甘肃公路博物馆开展科普活动照片

（4）每年全国科技活动周、全国科普日期间，按照活动主题，认真策划、精心准备，利用广播、科普挂图、标语条幅等形式，积极开展科普知识宣传活动。

2018 年 12 月，博物馆举办了改革开放 40 年甘肃交通运输发展成就展，向社会大众全方位展示改革开放 40 年来甘肃交通运输事业取得的巨大成就，以及甘肃交通建设长足发展、交通基础设施不断完善、交通科技日新月异的发展过程。成就展历时 1 个月，参观人数达 2800 多人。2019 年 7 月开展"壮丽辉煌 70 年·陇原巨变看交通"主题展，展示交通科技创新成果，普及科技知识。全国公路交通部门及省市各机关团体、企事业单位、军队、学校、社区等参观人数达 10200 人次。2020 年 8 月，以"打造一流公路文化品牌，普及甘肃公路发展历史"为主题开展交通运输科技周活动，为前来参观的高校及中小学学生、企事业单位职工、部队官兵等普及公路科技知识，宣讲公路历史。

专栏 8-3　开展"庆祝'六一'儿童节，科技让我们走得更远"科普活动

2020 年 5 月 28—29 日，为庆祝第 70 个"六一"儿童节，甘肃公路博物馆开展了"科技让我们走得更远"科普活动，集中体现创新驱动发展。博物馆共接待参观团体 16 个，覆盖幼儿园、学校 4～12 岁学生群体及家长共计 600 余人。

科普活动以探索甘肃公路发展历程、公路的建设施工流程、公路养护的重要性为内容，激发学生们对现代交通科学发展的热情，塑造学生的创新精神。活动包括参观、讨论、争当"小小公路科普讲解员"、模拟施工等。

环节一：走进甘肃公路博物馆，以实物、模型、多媒体展示、互动体验，学习甘肃作为"丝绸之路"黄金段的历史价值和地位，了解甘肃公路发展变迁过程，全面感受甘肃省近年来通过科技创新在交通建设上取得的成果，以及公路建设在甘肃脱贫攻坚中所起到的作用。

环节二：参观公路建设沙盘和公路养护沙盘，零距离观看修路的砂石、沥青等材料，了解公路修建的施工工序、公路维修保养的重要性，从小树立孩子们爱路护路的意识。

环节三：开展问卷答题，根据不同年龄段，给孩子们 1～2 道有关公路交通科普的图文题目，让孩子们进行有奖答题。

环节四：开展"我是小小科普讲解员"活动。通过参观学习，遴选 10 名儿童对公路建设施工工序进行科普讲解，随后评奖并发放奖状、小奖品。

"庆祝'六一'儿童节，科技让我们走得更远"科普活动是甘肃公路博物馆送给孩子们的节日礼物，该馆紧紧围绕儿童对科技的好奇心，通过科普讲解员的生动讲解，让孩子们亲身感受体验、贴近科学、融入科学，培育科学精神，明确科技创新在助力发展、改善民生上取得的新进展、新成就；通过开卷评测、"小小公路科普讲解员"体验讲解，从科普教育到科普效果检测形成了一个闭环，实现科技与生活、科普与教育的创新融合，提高了孩子们的学习体验兴趣和参与热情，取得了较好的效果，见图 8-11。

图 8-11　甘肃公路博物馆开展庆祝"六一"儿童节活动照片

今后，甘肃公路博物馆将按照科普工作要求，积极策划推出以交通科技为主题的科普展览或科普宣传活动，组织公众特别是青少年参观体验，激发公众创新意识，加深孩子们对科学的认知。

三、科普基地建设运行经验

(一)科普基地建设运营管理

1994年1月8日,在原酒泉公路总段十工道班设立了"十工陈列馆"。2003年9月,由于省道314线安敦公路改建征地拆迁,"十工陈列馆"搬迁至酒泉公路总段双塔农场,更名为"酒泉公路陈列馆",馆内设施陈旧老化,展品保存存在较大安全隐患。2015年11月,启建甘肃公路博物馆项目立项,在甘肃省交通运输厅、甘肃省公路事业发展中心的领导下,在中共酒泉市委、酒泉市人民政府的支持下,博物馆由甘肃省各地市公路事业发展中心全力征集展品,由酒泉公路事业发展中心具体建设,本着精简、节约、高效的原则,于2016年9月23日建成开馆。2021年9月,甘肃公路博物馆投资110万元,建成车机设备展厅。博物馆布展坚持"以人为本、科技兴路"的理念,蕴含着以公路传统文化为核心,以人的精神和科技力量为支撑的主题。博物馆年均开馆天数330天,免费对外开放。

(1)加强日常管理,增强责任意识。甘肃公路博物馆制定了《甘肃公路博物馆科普教育工作制度》《教育和文化推介部工作职责》《科普工作人员岗位职责》《讲解员岗位职责》及科普工作规划,使科普教育工作有章可循,统一、协调、规范开展。严格科普人员考核管理,不断提高能力水平,保证工作质量。

(2)积极探索科普方式,巩固学习成效。利用青年志愿者服务日、全国科技活动周、"六一""十一"等重大节日,举办形式多样的社教实践活动(图8-12),开展丰富多彩的群众性教育,不断扩大科普教育范围,让更多人了解公路发展历史,感受公路文化,掌握公路科技知识,巩固科普教育成效。充分运用报纸、杂志以及门户网站、微信公众平台,传播科技文化知识,提升影响力和传播力。

图8-12　甘肃公路博物馆深入学校进行交通科普活动

(二)科普基地运营组织保障

甘肃公路博物馆隶属于甘肃省酒泉公路事业发展中心,科级建制,具有事业单位独立法人资格,现有事业编工作人员 17 人,其中专职科普工作者 2 人、讲解人员 5 人、兼职科普工作者 3 人。博物馆在酒泉公路事业发展中心的支持下,积极发展科普志愿者参与科普工作,现有科普志愿者 10 人,同时有计划地对专(兼)职科普工作人员进行培训。此外,加强与企事业单位及社会机构的交流合作。以推广交通发展建设为重点,以项目技术攻关为载体,进一步强化科普工作领导机制,不断壮大科普工作队伍,建立了一支以专家带头、全员参与的科普宣传、教育、研究团队。在甘肃省交通运输厅、甘肃省公路事业发展中心、甘肃省酒泉公路事业发展中心的支持下,每年科普教育投入 10 万元,保证科普工作正常进行和可持续发展。

甘肃公路博物馆参观人数达 10 万余人,年平均参观人数 22000 余人。参观人员年龄跨度大、涉及行业广,从幼儿园小朋友到 90 多岁的老人,其中包括各级领导、教师、学生、军人、民警、企业员工、普通百姓等。甘肃公路博物馆运营期间,为适应参观人员需求,不断更新、充实完善展品,展品包括开展公路养护、社会活动、学术活动、交流研讨、技能大赛等方面的图片、影像资料,公路行业取得的重大成就、科技创新和文化研究成果、典型人物先进事迹、重大活动场景等方面的图表、图片、视频、文字等资料,国家正式出版发行的技术规范、史志、碑铭、资料汇编、集锦,反映甘肃公路发展、公路重点工程建设项目的优秀摄影作品、纪录片、书画作品,以及公路建设、养护中使用的主要机械设备、车辆、公路标志标牌等。

甘肃公路博物馆在加强科普教育基地建设的同时,进一步强化开展科普教育活动自我评价工作,对科普活动成果建立评价指标,通过发放问卷调查,进一步提升科普工作水平。

四、科普基地建设启示

1. 完善科普基础设施阵地建设,探索新的科普活动手段

甘肃公路博物馆将秉承传承公路文化、普及科技知识、推动交通强国建设、促进社会进步的理念,按照全省推动、全民参与、提升科研、促进和谐的方针,深入贯彻落实《全民科学素质行动规划纲要(2021—2035 年)》,以推广公路建设养护技术为重点,大力实施"科教兴国"和"文化兴路"战略,积极探索基地建设和开展科普活动的新思路、新方法,努力开拓创新,吸引群众参加科普教育活动。积极开展经验交流和理论研讨,不断提高工作水平。进一步加大科普宣传、研究与发展的投入。着力加强自身建设和技术交流以及信息服务,开展定期培训,提高博物馆科普工作者的专业素质。加强博物馆服务体系建设,改善基础条件,完善硬件设施,建立完善的网络平台。同时重视培养科技网络人才队伍,实现现代化、专业化、规模化管理,扩大和各级研究所及技术协会的相互合作、交流学习。

甘肃公路博物馆全面发挥科普工作对公路交通事业的推动作用,在普及交通科学技术的同时,通过教育活动促进群众了解科学、体会科学方法、感受科学精神、学习科学思想,提高大众科学素质。让陈列展览走出展厅、走进社会,针对性地开展有特色、有实效的科普教育、青少年教育等系列活动,培养大众对公路科技的兴趣,让大众全方位了解公路发展历史、感知公路科技成果,学习推广公路养护生产科学技术,从而为公路行业持续发展和地方经济社会发展作出积极贡献。

2.多渠道争取科普基地的经费投入

博物馆积极争取设立科普工作专项资金,拓宽科普经费来源渠道。进一步增加科普教育宣传经费,加大科普宣传、研究与发展的投入,提升科普工作水平上台阶。

第三节　福建泉州海外交通史博物馆

一、科普基地概况

扫一扫看基地

福建省泉州海外交通史博物馆(以下简称"泉州海交馆")创建于1959年,为国家一级博物馆,是中国第一座反映古代海外交通历史,以由此引发的各种经济、文化交流为主题的海事博物馆。泉州海交馆共有六个固定常设展览,陈列着不少举世闻名的文物瑰宝。除了国宝级文物宋代沉船及其大量伴随出土物外,还有数十根石、木、铁制古代锚具,数百方宋元时期的石刻,各个时期的外销陶瓷器,200多艘中国历代各水域的代表性船舶模型,以及数量繁多的反映海外交通民俗文化的器物。泉州海交馆现有两处馆址,一处位于泉州开元寺内东塔旁边,一处位于丰泽区东湖路425号。两处馆址共有三栋建筑场所,分别为泉州湾宋代古船陈列馆、泉州海交馆主体馆、伊斯兰文化陈列馆。场馆内还特设两个报告厅以及一个青少年活动中心。场馆总占地面积3.5万平方米,建筑面积1.73万平方米,陈列面积1.1万平方米。

泉州湾宋代古船陈列馆位于泉州开元寺内东侧,创建于1959年,创建初期与开元寺的市文管会合署办公,以开元寺大雄宝殿为展览场所,后移至小开元寺两廊,作为临时馆舍。1974年夏天,考古人员在泉州湾后渚港经过考古发掘出土了一艘南宋古沉船。泉州湾宋代海船的发现为泉州海交馆的发展开创了一片新的天地。为了保护与陈列新出土的宋代海船,经批准建设一座宋代古船陈列馆。1979年10月1日,泉州湾宋代古船陈列馆落成并正式对外开放,结束了泉州海交馆自建馆以来无固定陈列的历史,见图8-13。

a)泉州湾宋代古船陈列馆外景　　　　　　　　b)古船展示全景

图8-13　泉州湾宋代古船陈列馆

　　泉州海交馆主体馆于 1991 年正式对外开放参观。整个建筑是由著名建筑学家杨鸿勋主持设计,为双桅帆船造型的现代建筑。该建筑张开两片硕大的风帆,前面一泓清池,仿佛一艘远航归来的海船正缓缓驶入蓝色的港湾。主体馆内设有三个专题固定展览,分别为"泉州:宋元中国的世界海洋商贸中心"世界遗产总展示馆、泉州宗教石刻陈列馆、中国舟船世界。这些展厅以中世纪东方第一大港——刺桐港的历史为轴心,以丰富而独特的文物生动地再现我国古代悠久而辉煌的海洋文化,展现了泉州在"海上丝绸之路"的重大贡献与地位,以及在航海与造船技术方面的许多伟大发明,见图 8-14。

a) 主体馆外景

b) "泉州:宋元中国的世界海洋商贸中心"世遗总展示馆

c) 泉州宗教石刻陈列馆

d) 中国舟船世界

e) 数字化福船帆船投影

f) 刺桐梦华图投影互动体验

图　8-14

g)汴河船通电玻璃投影互动

h)郑和船队展柜视频投影互动

图8-14　泉州海交馆主体馆展厅

　　伊斯兰文化陈列馆于2003年落成,是由沙特阿拉伯王国、科威特国、卡塔尔国、阿拉伯联合酋长国、巴林王国、摩洛哥王国等国捐资建设,所以整体建筑带着浓厚的伊斯兰风格。二楼为常设固定展厅,主题为"阿拉伯－波斯人在泉州"。展厅内陈列了大量宋元时期伊斯兰教墓碑石刻,以及至今生活在泉州的阿拉伯家族后裔的状况,为大家展示了中世纪刺桐城内的繁盛场面,以及泉州与伊斯兰国家之间悠久的历史渊源。三楼、四楼为临时展厅,不定期举办各种主题的临时展览,见图8-15。

a)伊斯兰文化陈列馆常设展厅

b)伊斯兰文化陈列馆临时展厅

图8-15　伊斯兰文化陈列馆展厅

二、科普特色及典型活动

泉州海交馆作为"全国爱国主义教育示范基地""全国青少年科技教育基地""全国科普教育基地""福建省首批中小学生研学教育基地",长期以来一直把科普教育作为工作重点。场馆制定了免费开放制度和管理安全制度,每周二至周日开放(周一闭馆,节假日除外),确保科普活动有序开展。

泉州海交馆的社科普及活动坚持结合受众特点、馆藏文物、民俗文化和主题节日,每年推出形式多样、内容丰富有趣的科普教育项目,其中包括学科讲座、手工制作、校园巡展等。现主要形成以下四个品牌活动。

1."海交馆讲堂"

"海交馆讲堂",主要以博物馆成员讲座、专家学者讲座的形式向公众开放。博物馆成员讲座是馆内业务人员自己所做的专题研究或由所见所闻形成的新想法、新体验进行报告交流。专家学者讲座是特邀各个领域的国内外专家举办的讲座或座谈会,不定期举行,见图8-16。

图8-16　讲座现场

2."海交馆之友"

"海交馆之友"成立于1997年,以青少年学生为主体,围绕中华海洋文化、"海上丝绸之路"等相关主题,在3～4天的时间内,通过夏令营、冬令营集中学习理论知识、研习传统工艺、走访历史古迹等方式,对泉州历史与传统文化进行研究性学习以及一系列实践活动,让青少年喜欢博物馆,并热爱和珍惜自己城市的文化遗产和传统文化,活动现场见图8-17。

图8-17　"海交馆之友"夏令营活动现场

专栏 8-4　古港新潮——第 20 届"海交馆之友"夏令营活动

公元 10—14 世纪的泉州,以良好的港口设施、便利的海陆联通、发达的外销商品、先进的造船技术和完善的海洋贸易管理机制,建成了帆樯林立、蕃商云集的东方大港——刺桐港。运载着中国陶瓷、丝绸、日用品,国外香料、珠宝的中外商船,在这个港口穿梭进出。从这里出发的航线四通八达,乘西南季风向北可航行至日本的东北亚地区,利用东北季风向南可达东南亚、南亚、西亚和东非海岸。马可·波罗惊呼她是世界最大的港口之一,摩洛哥旅行家伊本·白图泰盛赞她为世界大港。

一千多年的沧海桑田变幻,泉州港今夕几何?古港依旧,在现代化建设下是否焕发新颜?千年的航海技术,在新时代有怎样的发展? 2019 年 8 月 12—15 日,20 名参与"海交馆之友"夏令营的营员们前往石湖码头、六胜塔、崇武海洋科普馆、安平桥、晋江陆地港、泉州师院航海学院等地进行实地考察和学习,走访古港遗迹,观摩现代化港口作业,学习在船舶上的基本技能,博古通今,品味这座古老与现代交融的东方大港,将泉州的"海上丝绸之路"文化更好地传承下去。

第一课时:开营仪式。了解"海交馆之友"的历史与意义,设置分组、选举组长,通过破冰游戏,建立小组成员间的熟悉度和默契度。

第二课时:聆听泉州海船与航海民俗的专题讲座,认真学习相关的知识,为后两天的实地考察作理论知识的铺垫。各小组制订考察计划,为研学成果展示作好任务分配,从而培养孩子们的思考能力、团队协作能力。

第三课时:参观古代港口交通设施,古代航标塔六胜塔、古代码头石湖码头,了解古代港口交通设施的功能和发展历史,以及对海洋贸易发展的影响。

第四课时:考察泉州海洋环境监测中心(崇武海洋科普馆),了解现代对海洋环境的检测技术,并学习关于海洋方面的知识。

第五课时:考察中国现存古代最长的跨海梁式石桥——安平桥,了解古代先进造桥技术"浮运架梁"和"睡木沉基",以及技术在交通运输上的重要作用。

第六课时:考察全国第二大陆地港——晋江陆地港,了解现代化所带来的便利,参观国际快件、跨境电商、空陆联程中转转关的具体操作,体会到古港焕发新潮,泉州港正在继续欣欣向荣地发展。

第七课时:走进泉州师院航海学院,参观学习现代航海技术,模拟驾船,感受科技的魅力。在绳结互动课堂学打水手结,学习海员的航海技能。

第八课时:研学成果展示。各小组分别通过演示文稿展示各组为期四天的学习成果与活动感悟。

至此研学夏令营活动结束。现场照片见图 8-18。

图 8-18　古港新潮——第 20 届"海交馆之友"夏令营活动现场照片

专栏 8-5　守护遗产　拥抱未来——第 22 届"海交馆之友"夏令营活动

2021 年 7 月 25 日,"泉州:宋元中国的世界海洋商贸中心"顺利通过联合国教科文组织第 44 届世界遗产委员会会议审议,成功列入《世界遗产名录》,成为我国第 56 项世界遗产。

泉州将以申遗成功作为新起点实现"以城爱遗、以城护遗",推进城市遗产的可持续保护和有效传承,努力保护好、传承好、活态利用好世界遗产。作为守护这座文化遗址的传承人,青少年群体应该深入地了解身边的文化遗产的重要性。

2021 年 8 月 24—27 日,40 名同学报名参加第 22 届"海交馆之友"夏令营活动,以"泉州:宋元中国的世界海洋商贸中心"系列文化遗产为背景,共同助力守护世界文化遗产。

第一课时:开营仪式。了解"海交馆之友"活动的历史与意义,设置分组、选举组长,通过破冰游戏,建立小组成员间的熟悉度和默契度。

第二课时:"你好! 世界遗产!"主题讲座。让营员们了解世界遗产内涵与种类,为他们接下来的学习作理论准备。

第三课时:参观"泉州:宋元中国的世界海洋商贸中心"世界遗产总展示馆。通过互动问答和体验的方式,让营员们初步了解泉州世界遗产的分布与功能。

第四课时:"'泉州:宋元中国的世界海洋商贸中心'系列遗产的内涵与价值"专题讲座。深入浅出地为营员们介绍泉州系列世界遗产之间的关系与价值内涵。

第五课时:"世界遗产价值及保护"主题讲座。与营员们展开遗产保护的互动问答,并引导他们设计并绘制遗产保护海报。

第六课时:考察遗产点——泉州府文庙、南外宗正司遗址。泉州府文庙大成殿修缮项目列入全国优秀古迹遗址保护项目推介名单,在府文庙管委会主任带领下,营员们深入了解了"遗产保护范例——泉州府文庙大成殿修复"的修复细节。行走在代表着"培育英才""平步青云"的育英门,感受泉州文庙及学官的独特建筑魅力。然后从府文庙走过泮宫、中山路,前往南外宗正司遗址与系列展示厅,感受南宋时期皇族为推动泉州海外贸易发展所作出的贡献。亲手制作瓦当拓片,体验手工乐趣的同时,学习皇族建筑与泉州文化结合的艺术特色与历史底蕴。

第七课时:考察遗产点——德济门遗址、天后宫。营员们了解德济门的功能与挖掘历史,学习天后宫在宋元时期作为海外贸易制度保障的重要作用,前往闽南文化生态保护试验区泉州城南片区,实地考察宋元时期海洋贸易兴盛的历史遗迹。

第八课时:研学成果展示。通过小组汇报,营员们展示了 3 天理论与实践学习的成果,展现了营员们学习世界遗产知识的能力与保护世界遗产的决心。

本次活动旨在帮助青少年认识世界文化遗产,亲身领略文化遗产背后深厚的历史魅力,进一步增强青少年保护世界遗产的意识。这次世遗研学活动根据青少年特性量身打造,开辟了特色研学路线,由资深学术领域专家学者组成导师力量,通过讲座、参观、手工、实地走访、趣味游戏等方式,带领青少年走进博物馆、文化遗产点、考古现场等场所,让更多青少年认识身边的文化遗产,了解世界文化遗产的价值内涵,自觉树立保护文化遗产的意识,肩负保护与传承的使命,当好文化遗产保护小卫士,从而探索形成一个有效的青少年文化遗产教育的模式。活动现场见图 8-19。

图 8-19　守护遗产　拥抱未来——第 22 届"海交馆之友"夏令营活动现场照片

3. "走进海交馆"系列活动

"走进海交馆"于 2013 年创立,不定期在节假日期间开展公益主题活动。活动设计主要基于民俗节日、纪念日,配合泉州海交馆展览,主题涉及航海知识、海丝文化、民风民俗和文博知识等多个领域。活动参与人群涵盖多个年龄层,主要以青少年为主。针对青少年采取讲解教育和手工体验相结合的形式,在讲解互动中注重将概念式的知识转化为青少年易于理解和接受的语言,并在手工体验中加深对知识的理解与印象,达到理想的教育效果。活动现场见图 8-20。

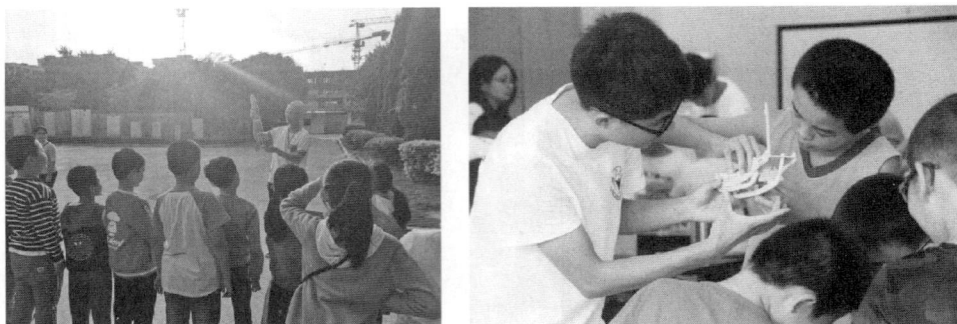

图 8-20　"走进海交馆"系列活动照片

4. "海丝文化大篷车"

"海丝文化大篷车"又称"移动的博物馆",是将泉州海交馆的相关文物、"海上丝绸之路"历史知识,以移动展板的方式带进校园、社区,向公众宣讲"海上丝绸之路"历史,提高公众对古刺桐港的认识,同时还会开展配套的教育活动。

目前泉州海交馆的巡展活动主要分为四种。第一种为馆校合作。与地方高校建立馆校合作关系,将博物馆文化与大学学校课程相结合,不断为高校学生输送相关的博物馆专业信息,同时为全国各大高校学生提供优质的实践平台,让大学生发挥专业特长、策划、组织特色科普教育活动,达到真正意义上的社会实践,如西北农林科技大学资环学院的"绿意芬芳的'海上丝绸之路'"科普课堂、福建医科大学社会实践队的"'海上丝绸之路'的香药与中医药"科普课堂(图 8-21)、"桐桐与中国传统民俗漫画系列"等特色实践成果都受到了公众的喜爱。第二种模式为进校园,到学校举行专场巡展活动并开展科普小课堂(图 8-22)。学校组织学生观看展板,泉州海交馆会根据学生的年龄段提供深入浅出的讲解,并选取一部分学生参与巡展延伸活动,如航海主题、博物馆主题小课堂、"海上丝绸之路"文化竞答、"涨海声中万国商"拼图比赛、福船船模、拼板舟制作等,从而加深学生对巡展内容的认识。第三种是暑期第三课堂(图 8-23),由社区组织将暑期留守在家的学生特别是农民工子女集中到社区学校,由泉州海交馆提供展板讲解和配套教育活动,丰富学生的"海上丝绸之路"知识,充实课余生活。第四种是不定期到偏远乡镇、特殊单位、社区进行的面向广大市民巡展。

图 8-21　福建医科大学社会实践队的"'海上丝绸之路'的香药与中医药"科普课堂

图 8-22 泉州第二实验小学开展"古泉州(刺桐)史迹图片"巡展和水手结的欣赏与制作

图 8-23 新埔社区讲座

除上述科普教育品牌活动外,泉州海交馆还注重打造科普展览和线上科普教育活动。除固定陈列外,每年还会推出公众喜闻乐见的主题展,如"民族脊梁　学界楷模——人民科学家钱学森"人物事迹展、"梯航百货成国商——'海上丝绸之路'货币与贸易展""丝路锁玥——敦煌历史文物精品展"(图 8-24)等。此外,泉州海交馆还积极推"互联网 + 教育",让更多人可以跨过地理与时间限制,尽可能地参与泉州海交馆的教育活动,享受泉州海交馆提供的文化历史知识。目前泉州海交馆设有两个科普微信公众号"泉州海外交通史博物馆"和"博物馆文学菌",内容涵盖青少年科普漫画、文物研究、"海上丝绸之路"的研究及展陈导览等。科普文章通俗易懂,传播范围广,受到各界好评。

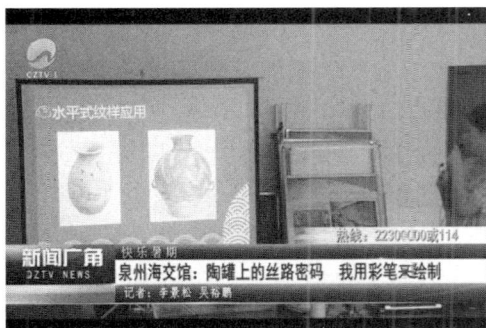

图 8-24 丝路锁玥——敦煌历史文物精品展

三、科普基地建设运行经验

(一)科普基地建设经验

1959年,在中央文化部郑振铎部长和国家文物局王冶秋局长的倡导下,泉州海交馆成立。它标志着我国的航海交通历史开始进入博物馆这个神圣的殿堂。它以光辉灿烂的中华海洋文明,向世人展示了中国人征服海洋的波澜壮阔的历史画卷。近50年来,泉州海交馆从无到有,从小到大,发展成为今天中国海交史的展示中心和研究基地以及"全国爱国主义教育示范基地",在海内外享有较高声誉。

1986年夏,泉州海交馆开始规划建设新馆。借联合国教科文组织"海上丝绸之路"考察活动的东风,泉州海交馆新馆于1991年2月15日落成。2003年,伊斯兰文化陈列馆落成。目前,泉州海交馆的各项事业均取得了不少成绩。

考古发掘与文物征集方面,通过水下考古、窑址发掘、抢救民俗文物、侨乡普查、抢救伊斯兰墓石群等方式,获得了一大批珍贵文物与资料;在陈列展览方面,固定陈列不断完善,临时展览也已成为经常性的工作,且在多个国家和地区举办过富有影响力的展览;在学术研究方面,学术交流活动频繁,除组织召开各种学术会议外,许多国际知名的学者也经常来馆进行访问和讲学;在教育活动方面,"海交馆之友"成为本馆最具特色的教育活动,深受青少年学生的喜爱。值得一提的是,1993年5月,中国海交史研究会和泉州海交馆联合创办了中国古船模型研制中心。在随后的几年中,中心的研究人员复原了上百艘历代各种著名船型,使泉州海交馆成为全国乃至国际上拥有中国船模最多的博物馆。

(二)科普基地运营组织保障

(1)体制机制保障。泉州海交馆有馆长一名、副馆长两名,根据职能分工又设有学术部、考古部、文保部、文管部、办公室、陈列宣教部,每个部室都有相应负责人,管理机构健全,设有健全的管理制度,包括人员编制类、开放管理类、文物保护类、安全保卫类、财务管理类等15个管理制度,涵盖对外联络、安全保障、场地环境、技术支持、活动组织、讲解员、后勤、财务等的制度措施,分工明确,职责清晰。为更好地配合中小学校开展研学实践教育活动,泉州海交馆设有专门针对中小学教育共建基地的协议,协议包含研学教育实践活动内容、管理方案、专门联络员,方便学校与泉州海交馆接洽开展研学教育实践活动相关事宜。

(2)经费来源稳定。泉州海交馆为国家一级博物馆,政府财政每年给予300万元的免费开放经费,日常运转经费来源稳定。其中每年都有专门经费预算用于开展教育活动,"海交馆之友"等活动还有专项经费保障,泉州海交馆还会向社科联申请项目资助。泉州海交馆注重财务预算管理与绩效管理,财务制度健全,有专业的会计与出纳人员,会计基础工作规范,能够保证基地的运行与发展。

(3)配套设施保障拓展。泉州海交馆目前拥有固定常设展览六个,同时还有两个临时展厅,每年均举办多个青少年喜闻乐见的特别展览,具有历史价值的丰富馆藏,是泉州海交馆开展青少年教育活动、传承"海上丝绸之路"文化的最佳实践基地。除供中小学生参观体验之外,内设有专门教育活动场所、与展览配套的互动体验区,以及学术报告厅、休息区、餐饮区、书店等场馆场地,配套设施完善,功用齐全,布局科学合理,满足开展研学实践教育基地的需求。为了保证基地安全,全馆共设有 107 个监控摄像头,全天候实时录像监控。

(4)展教资源开发。长期的教育活动开展使基地配备种类多、趣味性高的教学用具与教学器材,如航海知识互动游戏电子体验区、可升降船帆、阿拉伯人与印度人头饰、研学手册以及模拟考古、古代船模拼搭、手绘瓷盘等,形成一系列的内容丰富、形式多样的青少年教育活动。同时与泉州师范学院航海学院长期合作,开展航海技能相关教育活动。

(5)科普人才队伍培养。泉州海交馆构建了较为完善的科普工作组织架构和人才队伍建设和培训机制。作为中国海交史研究会的会址与秘书处,泉州海交馆拥有一支专业的科普工作队伍,有研究馆员 6 名、副研究馆员 5 名、馆员 12 名,专家顾问团为基地建设和运营提供专业支撑,福建优趣儿童美育教育机构、羽日陶瓷工艺品制作工作室、慧通香堂、泉州幼高专美术学院、华侨大学美术学院、泉州市圆梦义工等单位提供支持。泉州海交馆核心团队为宣教部宣教人员、志愿教职人员组成的科普服务团,负责基地建设、日常管理和活动组织。志愿教职人员有 120 人,其中教师约 30 人、学生约 50 人、其他社会各界人士约 40 人,学生团队以华侨大学志愿服务队、泉州师院航海学院青协为主体,既有流动也有传承。基地根据志愿者特长与自身情况,将志愿者的工作类型分为讲解导览、外出宣讲、活动策划与组织、活动教学、后勤工作等,形成一支专兼结合、知识结构合理的研学实践教育志愿者队伍。泉州海交馆开展中小学生教育活动已有 20 年的历史,积累了丰富的教学经验。除此之外,泉州海交馆领导非常重视科普人员的培训工作,每年都会派遣科普人员外出培训以了解国内研学实践教育活动优秀案例,同时开展泉州海交馆内部培训,提升教职人员业务素养和能力。

(6)科普宣传渠道。海交馆共有 3 个微信公众号。其中,"泉州海外交通史博物馆""博物馆文学菌"微信公众号不定期发布科普宣传推文;"海交馆志愿者团队"公众号发布科普志愿者风采事迹,激发科普志愿者的服务热情与归属感。除此之外,泉州海交馆也会利用国内外新闻媒体如中央电视台、东南早报、泉州晚报、泉州广播电视台等宣传航海科普知识。

(7)科普工作评估考核。泉州海交馆建立学生研学实践教育效果测评制度,教育课程设有学习心得体会交流、学习成果展示、知识抢答环节、学生问卷调查、家长问卷调查等。通过了解学生知识、技能掌握情况,总结经验与不足,不断改进研学课程设置,提升研学课程效果。

四、科普基地建设启示

1.建立和完善科普基地建设与利用的长效机制

科普工作重在实效,贵在长效。要建立专业的科普队伍,发展兼职科普队伍,保证科普工作的稳定开展。制订年度科普工作计划,细化每个月的科普活动项目,制订相关活动方案,及时做好活动总结。

2.积极争取各方力量,加大科普基地的经费投入

科普工作的开展需要及时更新科普教育手段,优化科普教育内容,对人才和资金的需求较大。除了争取相关经费、加大科普工作的投入外,建议积极引入各方力量。如在开展科普漫画系列教育活动中,启用美术专业大学生志愿者,完成海交馆桐桐形象的电脑绘图制作。在科普

云课堂中,启用航海专业大学生志愿者,拍摄制作科普短视频等。通过志愿者援助,弥补专业人才缺乏的短板,并节省经费投入,也使得科普工作能够保持活力。

第四节 人民交通出版社股份有限公司

一、科普基地概况

人民交通出版社股份有限公司(图8-25)成立于1952年,是交通运输部主管的以交通为特色的科技出版机构,是国家一级出版社、全国百佳图书出版单位、教育部教材出版基地、国家数字出版转型示范单位、数字出版创新企业,2020年入选首批国家交通运输科普基地。基地自2012年成立科普研发团队以来,不断整合交通行业知名学者专家、科普作家及其他社会资源,积极推进交通运输科普在内容创作、表达方式、传播手段方面的各项创新,提升科普作品策划能力,创作、开发多种类交通运输科普图书与数字产品,已构建成涵盖纸书、数字课程、多媒体宣教资源、沉浸式教育体验系统、交通安全宣教基地等多种形式的立体化科普产品矩阵,交通运输科普主题特色鲜明。

图8-25 人民交通出版社股份有限公司交通科普基地

基地面向交通运输从业人员、道路交通参与者、社会大众等不同群体,打造交通运输科普产品内容体系,采用线上线下相结合的科普传播形式。"十三五"以来,策划出版的《道路运输安全口袋书丛书》《交通运输应急管理百问手册》等行业科普图书,《中国廊桥》《亚东桥话》《公路的故事》等交通知识科普图书,先后荣获"中国科普作家协会优秀科普图书类银奖""全国优秀科普作品奖""中国公路学会科学技术奖(科普类)""全国公路优秀科普作品奖"等科普奖项共计30余项。策划出品的大型纪录片《中国港口》荣获中华优秀出版物提名奖;《中国船谱》在腾讯视频全网首播,累计播放量突破2300万次,位居腾讯视频科技纪录片排行榜榜首,并入选中宣部2021年主题出版重点出版物。基地面向道路交通参与者,研发交通安全内容知识体系,为学生、农村群众、快递人员、普通驾驶人等人群,普及交通安全知识,提高交通安全文明素养。为普通驾驶人开发建设的"车学堂"平台,累计注册人数超过600万,获交通运输行业首个"五星级"质量评价证书、中国数字出版博览会"创新作品"奖;自主研发的"机动车驾驶人交通安全宣教箱"获评2018年交通运输部"平安交通"创新"重点推荐"案例;开发少年儿童沉浸式交通安全 AR + VR 体验课程、儿童出行安全口诀、交通安全宣传海报、动画宣传片等多媒体科普资源,多次荣获公安部交通管理局颁发的"交通安全公益贡献奖"。

基地建有近200平方米室内儿童道路安全体验中心(图8-26)和800平方米科学实践活动场地,具有固定的科普场馆、活动教室、互动设施设备与教具,充分借助政府资源、企业资源、社会资源,常态化举办少年儿童交通安全科普实践活动,通过交通安全进校园、进社区、举办大型活动等形式,开展交通安全知识宣讲活动。儿童道路安全体验中心自 2019 年 11 月开馆以来,共开展活动 200 余场次,参加活动人群达 12.3 万人次,通过科普活动向少年儿童宣传安全文明出行理念,有效提升少年儿童的交通安全意识与避险自护技能。

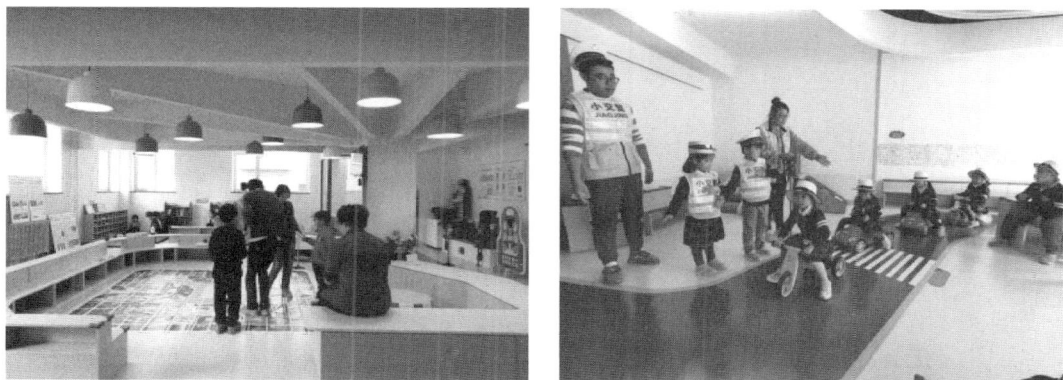

图 8-26 儿童道路安全体验中心

基地发挥研发优势,提升科普服务能力,面向道路运输从业人员打造道路运输安全警示教育基地。联合贵州省交通运输厅建设的西部山区道路运输安全警示教育基地(图 8-27),是交通运输系统第一个综合型交通安全教育基地,也是第一家省部共建基地。通过在驾校、客运枢纽、高速公路服务区等地建设一批道路运输交通安全宣传教育小屋(简称"安全小屋"),向各类人群普及交通安全知识。西部山区道路运输安全警示教育基地与安全小屋形成"1 + N"的道路运输安全警示教育基地场景辐射圈,对提升贵州省文明交通水平具有重要意义。

图 8-27 西部山区道路运输安全警示教育基地

二、科普展示内容体系

人民交通出版社股份有限公司作为出版传媒领域的科普基地,其主要功能是以电子媒介、印刷媒介等为载体,进行交通科普宣传,是公众获取科学技术知识和信息的主渠道。基地面向交通运输从业人员、道路交通参与者、社会大众等不同群体,打造交通运输科普产品内容体系,构建了涵盖纸书、数字课程、多媒体宣教资源、沉浸式教育体验系统、交通安全宣教基地等多种形式的立体化科普产品矩阵,如图8-28所示。

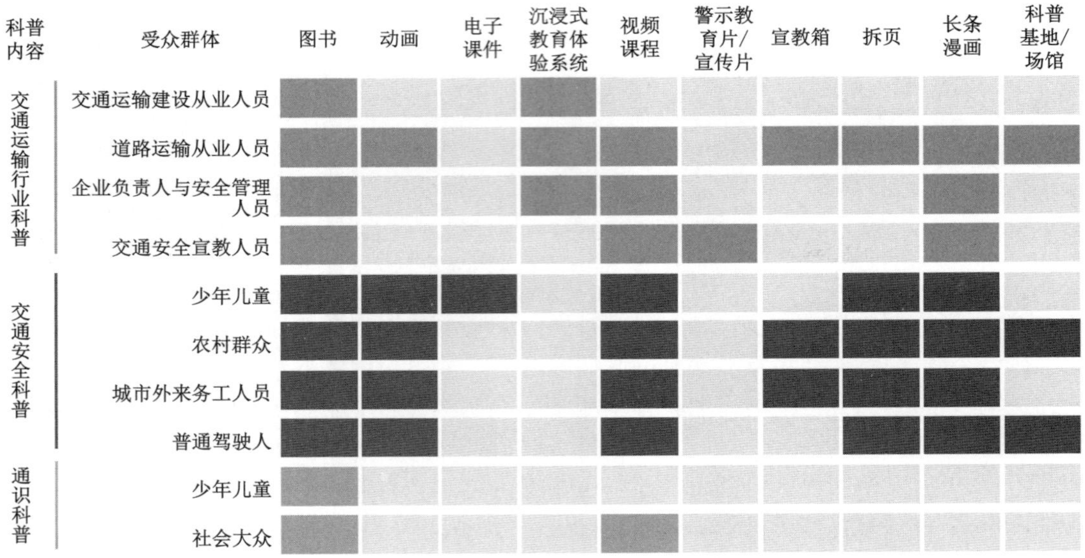

科普内容	受众群体	图书	动画	电子课件	沉浸式教育体验系统	视频课程	警示教育片/宣传片	宣教箱	拆页	长条漫画	科普基地/场馆
交通运输行业科普	交通运输建设从业人员										
	道路运输从业人员										
	企业负责人与安全管理人员										
	交通安全宣教人员										
交通安全科普	少年儿童										
	农村群众										
	城市外来务工人员										
	普通驾驶人										
通识科普	少年儿童										
	社会大众										

图8-28　人民交通出版社股份有限公司交通科普产品矩阵

注:沉浸式教育体验系统主要包括VR、AR互动教具等

(一)交通运输行业科普产品

针对交通运输建设、道路运输从业人员基数大、安全生产事故多发等问题,构建面向交通运输行业从业人员的安全生产、规范服务科普内容体系。

1.交通运输建设从业人员科普

主要产品为《公路施工安全教育系列丛书》和《公路水运工程"平安工地"建设口袋丛书》等(图8-29),内容包括交通运输建设工程从业人员应知应会的安全生产法律法规、安全生产制度、施工安全技术、职业健康、安全风险评估、重大危险源管理、生产安全事故隐患排查治理、施工现场急救常识、平安工地建设以及各个工种的安全操作规程等知识。

2.道路运输从业人员、企业负责人与安全管理人员科普

通过图书、视频课程、警示教育片/宣传片等形式,向道路运输从业人员、企业负责人与安全管理人员普及应知应会的法律法规、职业道德、运输技能(专业运输知识、危险源识别与防御性驾驶)、规范服务(服务要求、乘客心理)、应急处置(发动机突然熄火、转向失控、制动失

效、轮胎爆裂、车辆侧滑及侧翻、车辆起火、遇自然灾害及恐怖袭击、驾驶员或乘客突发疾病、事故现场处置、伤员救护)等知识。

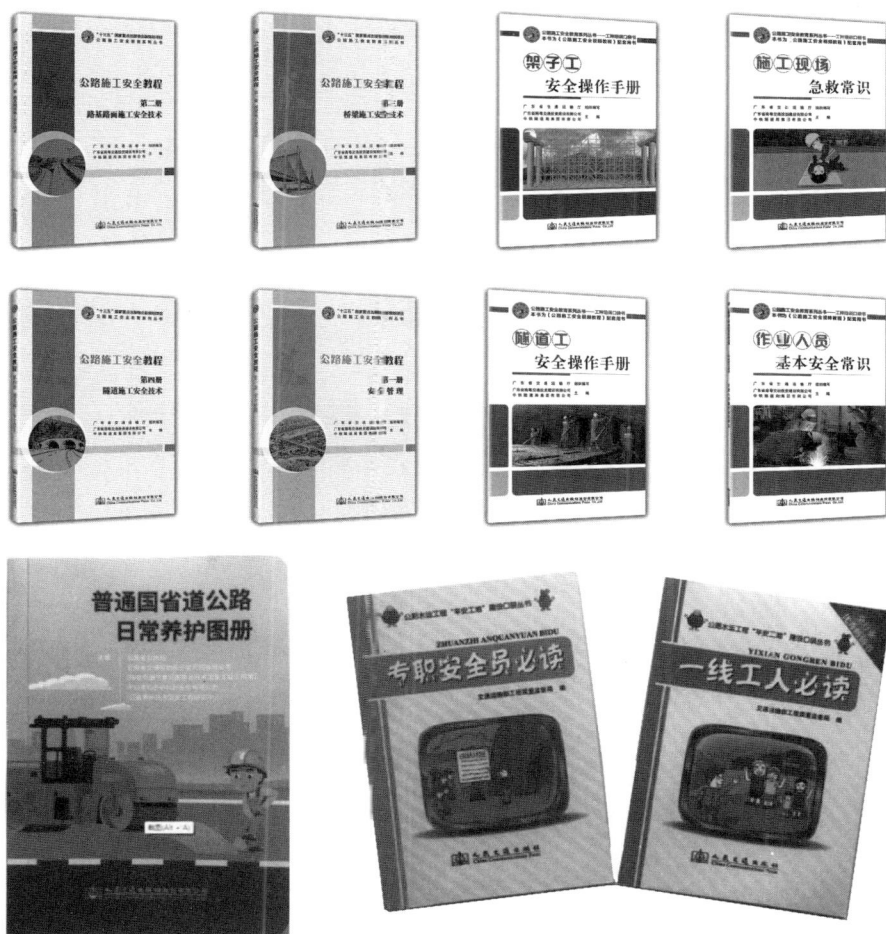

图 8-29　公路施工人员安全教育科普产品

3. 交通安全宣教人员科普

针对交通安全宣教人员普遍缺少专业知识和技能也难以获得专业培训的问题,为其量身打造相关科普图书和产品,一方面向其系统普及交通安全知识,另一方面提供实用的宣教素材和包含丰富宣传物料的宣教箱(图 8-30),助其提升宣教工作质量和效果。

(二)交通安全科普产品

针对中小学生、农村群众、快递人员、普通驾驶人等交通事故多发群体各自不同的特点,建立面向普通交通参与者的交通安全知识内容体系,主要包括道路交通安全和水上交通安全。

图 8-30　交通安全宣教箱

1.道路交通安全

主要关注步行、骑行、乘车、驾驶四类最常见交通场景,针对各类受众群体的接受能力以及常见危险行为、安全知识盲区等开发科普产品。产品形式除常规图书(图 8-31)外,还包括沉浸式教育体验系统(图 8-32)等创新形式科普产品。

图 8-31 面向各类交通参与者的道路交通安全科普图书

| 数据平台 | 机器人 | VR体验 | 平板互动 | AR体验 |

图 8-32 儿童道路交通安全沉浸式教育体验系统

2. 水上交通安全

溺水死亡是 5~14 岁儿童意外死亡的首要死因,面向中小学生开发水上交通安全知识内容体系,出版知识性与趣味性并重的科普图书(图 8-33),介绍水上交通的风险点,水上交通工具种类,水上交通安全标志、安全设备、安全规定,水上出行安全习惯、水上出行危险应对及求助方式等知识。

图 8-33　儿童水上交通安全图书、绘本

(三)交通通识科普产品

贯彻落实习近平总书记在全国科技创新大会、两院院士大会、中国科协第九次全国代表大会上提出的"科技创新、科学普及是实现创新发展的两翼,要把科学普及放在与科技创新同等重要的位置"重要指示精神,弘扬科学精神、普及科学知识,面向少年儿童及大众群体创作开发交通科普产品。

1. 少年儿童交通科普产品

研发面向少年儿童的交通科普产品(图 8-34),涵盖公路、铁路、水运、航空、载运工具等领域知识,以科学严谨的态度、通俗易懂的语言、图文并茂的形式,向少年儿童传播交通科普知识,培养科学思维和方法,激发少年儿童对交通的兴趣和热情,在青少年及儿童心中早早种下交通的种子,吸引聚集交通强国建设所需的人才,培养交通运输事业的接班人。

图 8-34　少年儿童交通科普图书

2.面向大众的交通科普产品

面向大众开发具有较高文化品位的交通科普产品,使社会公众对交通运输的感性认识上升为理性认识,增强全社会对交通事业的关注、理解和支持,宣传交通行业文化与先进科技,进一步提升行业形象。结合大众关注的兴趣点,开发桥梁等主题的交通科普图书,以图文并茂的形式激发读者阅读兴趣(图8-35)。

图8-35　大众交通科普图书

策划出品《中国港口》《中国灯塔》《中国船谱》等大型纪录片(图8-36),通过电视台、视频网站播出,向社会公众宣传我国的交通发展成就,传播交通文化,弘扬主旋律。

图8-36　大型纪录片《中国港口》《中国灯塔》《中国船谱》

三、科普特色及典型活动

人民交通出版社股份有限公司是以科普产品研发和传播为主的科普基地,科普产品覆盖交通运输各领域。基地结合科普内容研发优势,开展面向各类交通参与者(中小学生、外卖骑手、机动车驾驶人等)的交通安全科普活动。科普活动人群主要分为以下三大类。

1. 中小学生

依托基地实体场馆儿童道路安全体验中心,开展交通安全宣传教育活动。通过"走出去,请进来"(送课进学校、进社区)方式面向少年儿童和家长开设道路交通安全体验课堂,根据参与儿童的年龄特点和认知水平,设计不同的道路交通安全游戏活动,通过互动游戏和知识讲堂传播道路交通安全知识,提升参与活动的孩子和家长的交通安全意识。

2. 机动车驾驶人

研发机动车驾驶人交通安全宣教箱,联合爱心企业向交警代表、交通安全宣传志愿者代表以及客货运企业代表捐赠,同时结合保险公司营运货车理赔数据及常见保险事故类型培训师资,指导宣教人员应用宣教箱,义务对货运驾驶人开展交通安全宣传教育,提升驾驶人交通安全意识与驾驶技能,从源头减少人为交通事故发生。

3. 外卖骑手、网约车驾驶员等新业态从业者

研发配送员交通安全宣教箱,编写出版《网约车司机安全指南》,并联合相关企业开展"安全百城行"等主题活动,不断提高外卖骑手、网约车驾驶员安全文明意识,促进行业健康安全发展,共同维护社会交通秩序。

专栏 8-6 开展交通安全进校园活动

教育部公布的《中小学安全事故总本形势分析报告》指出,中小学生意外伤害全国范围内溺水居第一位,交通事故居第二位;在城市区域,交通事故居第一位。根据儿童交通事故原因的统计与分析,儿童安全意识不足是事故发生的重要原因。开展儿童交通安全教育既是保护儿童人身安全的重要措施,也是提升全社会文明交通的治本之策。

人民交通出版社股份有限公司结合自身优势,开展道路交通安全进校园活动及水上交通安全进校园活动。

2021 年 3 月以来,人民交通出版社股份有限公司结合自身优势,开展"我为群众办实事——交通安全进校园"公益活动。活动立足实体场馆儿童道路安全体验中心,通过"走出去,请进来"方式面向少年儿童开设道路交通安全体验课堂,提升参与活动的孩子和家长的交通安全意识。2021 年共举办活动 43 场,覆盖线上线下人群共 10.45 万人次,捐赠交通安全科普图书 5000 册。自 2019 年 11 月儿童道路安全体验中心开馆以来,共开展活动 209 场次,部分重大活动联动交通安全媒体矩阵同步直播,受益人群总计 12.3 万人次(图 3-37)。

图 8-37　2021 年全国科技活动周期间交通安全进校园专场活动

　　每逢全国中小学安全教育日,人民交通出版社股份有限公司联合多地海事部门、教育部门走进小学校园,开展水上交通安全知识进校园活动,为孩子们送上生动的水上交通安全教育现场课,通过赠送《小学生水上交通安全教育读本》、救生衣等形式,传知识、授技能,呵护小学生安全健康成长(图 3-38)。

图 8-38　水上交通安全进校园活动现场

　　除了面向少年儿童的交通安全科普,人民交通出版社股份有限公司守土有责,面向交通运输行业从业人员开展科普服务,打造面向道路运输从业人员科普教育的"1+N"的道路运输安全警示教育基地场景辐射圈,让道路运输从业人员及其他交通参与者更容易地在体验中学习交通安全知识,掌握应急避险技能。

专栏 8-7　打造"1+N"的道路运输安全警示教育基地场景辐射圈

　　观察对比近年来全国道路运输领域事故数据,我国道路运输安全生产形势不容乐观。研究表明,90% 以上的道路交通事故都是由人为因素引起,因此加强对道路运输从业人员的安全教育迫在眉睫。

　　传统的道路运输从业人员安全教育培训质量不高,缺乏对从业人员安全文明意识的培养和操作技能的提升,且从业人员的日常安全教育监管难、形式大于效果、驾驶员主动学习意愿不强。

为了提高道路客货运输驾驶员安全意识,提升其应急处置技能,降低事故率,人民交通出版社股份有限公司联合贵州省交通运输厅建设了"西部山区道路运输安全警示教育基地"(图8-39)。该基地是全国第一座以道路运输从业人员为主要受众对象的大型交通安全警示教育基地,坐落于贵州交通职业技术学院内,总占地面积为2200多平方米,内场近1000平方米,外场1200平方米,总投资为1370万元,目前已完成第一期建设。该基地共分为等候区、内场体验区、外场警示区三个部分,内场体验区又包含惨痛事故感知区、特殊驾驶培训区、事故应急处置体验区等8个分区,采用多媒体、沉浸式教育、多维度空间造景等现代科技展示手段,创造真实震撼的视觉空间,使公众尤其是道路运输从业人员在紧张、新奇、震撼的参观中认识道路运输事故发生的关键因素、体验安全驾驶的重要性、感受事故带来的惨痛教训,互动性强、教育功能突出。该基地是交通运输部与贵州省人民政府共建的道路运输安全警示教育基地。基地日运行10小时,日总体验480人次。

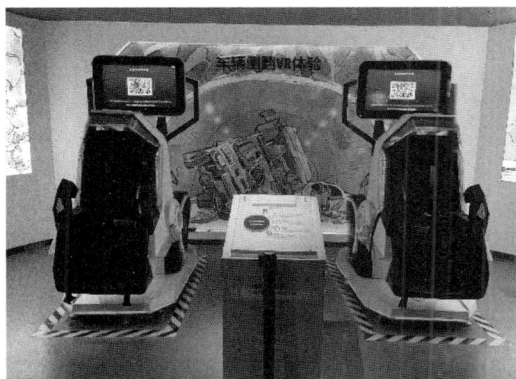

a) 车辆侧翻VR体验区

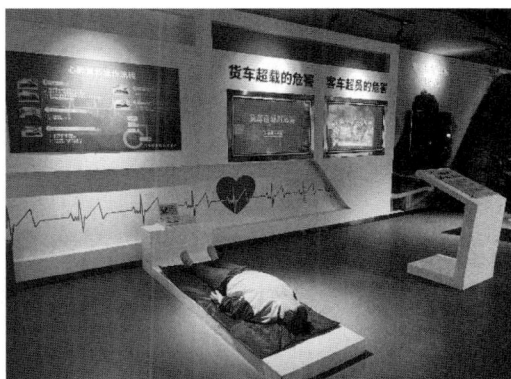

b) 事故应急处置体验区

c) 驾驶员综合测评区

d) 重特大事故还原5D警示影院

图8-39 西部山区道路运输安全警示教育基地

双方在交通参与者集中的地方,如驾校、高速公路服务区、普通国省干线公路服务区(站)、客运枢纽、货运场站、物流园区等地建设了一批道路运输交通安全宣传教育小屋(以下简称"安全小屋"),配置道路运输安全知识挂图、海报、折页、图书等平面宣传材料,以及警示教育片、宣传片、VR 等多媒体资源,方便更多交通参与者体验学习。安全小屋成本低、易维护,融入交通参与者出行场景,使用方便,是交通安全宣传教育的有力抓手。目前已建成 25 个,计划在"十四五"期间实现贵州 88 个县(市、区)全覆盖。

"西部山区道路运输安全警示教育基地"与"安全小屋"形成了"1 + N"的道路运输安全警示教育基地场景辐射圈,对提升贵州省的文明交通水平具有重要意义。

四、科普基地建设运行经验

(一)科普基地建设经验

人民交通出版社股份有限公司作为文化企业,坚持把社会效益放在首位,科普工作愿景为"共建更美好的交通文明社会",自身定位为交通科普出版传媒机构及科普内容研发机构,通过科普产品策划、研发以及科普活动开展,传播交通科学知识与文化,提升广大交通运输从业者科学素质,提升社会公众对交通运输科学技术的认知水平,提升公众道路交通安全文明素养,为交通强国建设提供思想保证、精神动力以及智力支持。在科普内容策划与研发方面经验如下:

纵观此前已发行的交通运输科普作品,从整体上看,与加快建设交通强国和建设创新型国家的要求相比,仍有较大差距。主要存在问题是:一方面,科普作品呈现形式较为落后、单一,作品的趣味性仍有待进一步加强,知识体系有待更新;另一方面,社会公众对于交通运输相关的科技知识掌握不足,交通安全、绿色出行、综合运输及智能交通等方面的认识仍有欠缺,不同类型的人群对相关知识和科普形式的需求差异较大。

针对此前交通运输领域科普产品的不足之处,人民交通出版社股份有限公司研发一系列科普产品,力图在交通运输科普领域形成全面覆盖各类受众群体的产品矩阵,内容包含交通运输行业科普、交通安全科普、交通通识科普三个维度,产品形式除了传统图书外,还包括动画、沉浸式教育体验系统、宣传片、宣教箱等。一系列产品的研发积累了丰富的科普知识资源和专家资源,助力行业科普工作水平不断提升。

交通科普创作与研发,离不开优质的科普作者团队。基地需要深耕交通运输行业,提升行业资源整合能力,不断聚拢各类科普作者资源,建立高水准科普作者团队。好的科普作者既要掌握必要的科学知识,还要具备深厚的文化底蕴,如丰富的文化知识、生动的表述能力以及必要的艺术素养,更重要的是对科普工作有极大的热情,有意愿也有能力将复杂的科学知识转化为浅显易懂的语言向大众普及。目前交通运输行业的科普创作氛围还需要不断培育,高水平作者团队还需要不断培育。

(二)科普基地组织运行经验

人民交通出版社股份有限公司构建了较为完善的科普工作组织架构和管理工作机制。为提高公司科普工作管理水平,健全管理机制,加强对科普工作的领导和协调,编制《科普工作管理办法》,明确科普工作中的组织机构、管理工作、队伍建设、科普活动、工作机制保障等内容。

为健全、完善科普工作组织架构,基地成立由总编辑、总编办及各出版中心主任组成的科普工作领导小组。总编办负责科普内容创作、出版以及科普活动相关工作的管理与协调工作,确保科普工作和科普档案管理制度化、规范化。相关出版中心成立科普工作小组,负责科普产品研发与出版、科普活动开展等工作,由发行部负责配合各出版中心,做好科普产品的发行保障与渠道建设工作。道路运输出版中心(交通安全宣传教育研究发展中心)负责儿童道路安全体验中心的建设与运营,组织开展交通安全宣传教育等科普活动。

基地鼓励科普产品策划,定期评选优秀科普图书选题,并予以经费资助;鼓励科普内容研发及数字资源建设,通过国资预算等资金予以重点支持,并在成本考核时予以优惠政策支持。基地为儿童道路安全体验中心科普场馆和交通安全主题科学实践活动提供场地,支持科普活动开展。基地通过整合政府资源、企业资源和社会资源以及单位自筹经费,扩大科普经费来源,保障科普产品研发、儿童道路安全体验中心运营及科普活动开展。

基地加强与科普机构、公益机构、相关科研和教学等单位的合作,加强资源整合,共同策划优质科普产品和活动,扩大影响力。建立科普资源共建共享机制,充分发挥科普工作领导小组的作用,促进各部门之间科普资源共享。基地定期组织编制科普工作规划,每年组织编制年度科普工作计划,开展年度科普工作总结与评估,及时整理归档在科普活动中形成的文档、图片、影音等重要文件材料。基地结合全国交通安全日、全国科普日、中国航海日、国际儿童节、世界儿童日、中小学生安全教育日、中小学水上安全周、全国科技活动周等重要时间节点开展各类交通科普活动。科普宣传渠道多样化,通过官网、"两微一抖一快"新媒体矩阵以及图书、线下等多形式开展科普宣传。

基地加强科普工作团队建设,目前建立一支近40人专(兼)职科普编辑队伍、科普产品研发队伍。基地聘请交通、教育、科技等相关领域专家,定期组织面向科普工作队伍的交通科普教育培训、科普讲座,提高公司科普人才队伍业务能力和素养。

五、科普基地建设启示

(一)科普内容创作与研发

随着时代的进步和社会的发展,受众的科学水平与科学素养已经发生了很大的变化,对于优秀的科普产品的需求日益增长。好的科普产品不能仅局限于传播科普知识。知识会过时,点状的知识也很难被真正记住和理解,对于用户形成科学思维是没有帮助的。如果用户没有发自内心地提出问题,也没有特别热切地希望知道这个问题的答案,就不可能有机会去观察验证和总结,也不会形成科学的思维。科普是把科学探索的结果以及所形成的知识体系,用科普技术向公众进行传播,并在公众中宣传普及科学方法、科学思想和科学精神,以提升公众的科学素养和使用科学技术解决问题的能力。科普产品内容传达的三个层级如图8-40所示。同时,科普内容创作时要注意知识性和趣味性的平衡。知识的正确性很重要,但要对正确的知识加以提炼和再创造,用目标用户喜闻乐见的表现形式,吸引用户。

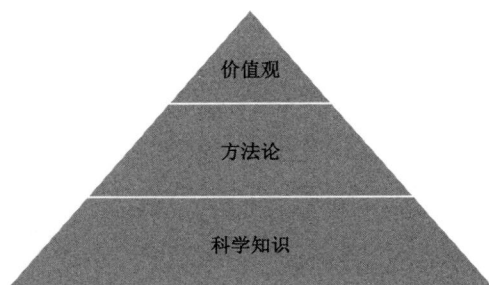

图 8-40　科普产品内容传达的三个层级

(二)科普内容传播形式需要不断创新

随着数字时代发展,层出不穷的新科技手段也在助推科普传播媒介和传播形式的革新。传统的纸质图书科普产品已不能满足用户需要,为了增强用户体验、扩大传播渠道、提升传播效果,在科普内容的传播形式上需要不断创新,采用动画、视频等多媒体形式,以及 AR、VR 技术增强用户体验,打造沉浸式教育体验系统,通过线下宣传教育基地增加与用户的互动等。未来,人民交通出版社股份有限公司需要密切关注技术发展,融合 5G、人工智能、区块链等更多技术,打造更具表现力的科普内容展现形式以及更加智能化的科普内容推送方式,提升科普传播效果和效率。

(三)推动建立交通科普工作生态圈

交通运输行业科普工作还处在发展培育阶段,充分整合行业科普资源,调动行业各方力量和积极性,以交通科普基地为抓手,充分发挥各类型科普基地优势,加强联动,培育科普创作队伍、研发队伍、传播队伍、展示队伍,建立交通科普工作生态圈(图 8-41),对于做好交通科普工作,具有重要意义。

图 8-41　推动建立交通科普工作生态圈

附件 国家交通运输科普基地管理办法

第一章 总 则

第一条 根据《中华人民共和国科学技术普及法》,为贯彻落实《"十三五"国家科技创新规划》和《交通运输部关于加强交通运输科学技术普及工作的指导意见》等文件精神,推进国家特色科普基地体系建设,加强和规范国家交通运输科普基地(以下称科普基地)的建设与管理,支撑加快建设交通强国和科技强国,制定本办法。

第二条 本办法适用于科普基地的申报、评审、命名、运行与管理等工作。

第三条 科普基地是展示交通运输科技成果与发展实践的重要场所、设施或单位,应以面向社会公众开展交通运输科技知识普及、宣传交通运输发展和现代化交通理念及先进交通文化为主要任务,并在开展社会性、群众性、经常性的科普活动中发挥示范引领作用。

第四条 科普基地享有依法开展科普活动的权利,享受国家给予公益性科普事业的相关优惠政策。主要包括交通运输科技场馆、教育科研平台、生产设施等类别。

第五条 交通运输部会同科技部共同负责科普基地的评审、命名、管理及评估,具体工作由交通运输部科技主管部门和科技部科普工作主管部门共同承担。各省、自治区、直辖市交通运输主管部门会同科技主管部门负责本行政区域内的科普基地审核、推荐工作。国家铁路局、中国民用航空局、国家邮政局(以下称部管国家局)及中央级交通运输企业、科技部直属单位、交通运输部直属单位(系统)、共建高校和行业学(协)会负责本单位(系统)科普基地的推荐工作。

第六条 依托有关专业机构设立科普基地管理办公室(以下称基地办公室),负责组织科普基地申报及评审、日常运行管理等事务性工作。具体如下:

(一)参与受理科普基地申报、推荐材料审查、组织专家咨询评审等有关工作;

(二)参与组织开展科普基地评估考核工作;

(三)组织开展科普基地建设相关研究和业务交流活动;

(四)提供科普基地建设的技术咨询和信息社会化服务;

(五)承办科普基地的工作信息汇集、数据统计、活动宣传等日常管理工作。

第二章 申 报 条 件

第七条 科普基地申报单位应具备以下基本条件:

(一)中国大陆境内注册,具有独立法人资格。

(二)突出交通运输科普特色,开展主题内容明确、形式多样的科普活动,年对外开放30天以上(科技场馆等有条件的基地应常年开放),年参观人数5000人次以上,并拥有各类支撑保障资源。

(三)具备一定规模的专门用于交通运输科学技术传播与普及的固定场所、平台及技术手段(展馆类基地面积原则上应在 $1000m^2$ 以上,综合交通枢纽、场站、码头等交通生产服务设施及大型交通工具应通过电子屏幕、展板安排一定比例的科普宣传内容)。

(四)设有负责科普工作的职能部门,并配备开展科普活动的专(兼)职人员队伍。

(五)管理制度健全,将科普工作纳入本单位年度工作计划及目标。

(六)能够保障开展经常性科普活动所需的经费。

(七)面向公众开放,具备一定规模的接待能力,符合相关公共场馆、设施或场所的安全、卫生、消防标准。

(八)具备策划、创作、开发交通运输科普作品的能力,并具有网站、微信、微博等对外宣传渠道。

第八条 科普基地应充分发挥公益性科普示范作用,结合本单位职能定位和优势条件,制定开展科普工作的规划和年度计划,面向公众开展常态化科普活动,或结合促进交通运输科学发展和交通强国建设需要,开展主题性科普宣传活动。

第九条 科普基地应加强科普人才队伍建设。有计划地开展专、兼职科普工作人员业务培训,积极发展科普志愿者队伍。

第三章 申报与命名

第十条 交通运输部和科技部组织基地办公室开展科普基地的评审工作。

第十一条 科普基地的申报工作原则上每两年开展一次。凡符合前述条件的单位均可自愿申报,申报科普基地不收取费用。

第十二条 申报与命名程序。

(一)申报。申报单位填写《国家交通运输科普基地申报表》(见附件)报送推荐渠道,并对材料的真实性和准确性负责。同一基地只能通过一个推荐渠道申报。

(二)推荐。各省级交通运输主管部门会同科技主管部门受理本辖区内的科普基地申报推荐工作;中央级交通运输企业、交通运输部直属单位(系统)和共建高校、科技部直属单位可直接申报;部管国家局和行业学(协)会可择优推荐所属科普教育基地或有关企事业单位申报。

(三)评审。评审程序分为材料评审和现场评审两个阶段。申报单位通过材料评审后,方可进入现场评审。现场评审重点核实申报材料是否与实际相符,并形成最终评审结果及命名建议。

(四)公示。评审结果向社会公示,公示期为 10 个工作日。有异议者,应在公示期内提出实名书面材料及必要的证明文件,逾期和匿名异议不予受理。

(五)命名。公示无异议或经处理消除异议的申报单位,由交通运输部和科技部命名为科普基地,向社会公布,并颁发证书和牌匾。

第四章 管理与服务

第十三条 已获命名的科普基地应认真履行职责,不断提升科普能力,服务交通运输中心工作。在全国科技活动周、全国科普日、中国航海日及交通运输行业重大活动期间积极组织开展持续有效的主题性及常规科普活动。积极开发公众喜闻乐见的科普作品,通过各类媒体渠道对外传播。

第十四条 科普基地应加强自身制度建设,于每年11月底前向基地办公室和推荐单位提交年度科普工作总结和下年度工作计划,并在组织及参与重大科普活动结束后及时报送活动总结。

第十五条 交通运输部将支持和指导科普基地发展建设,并优先推荐申报各类科普项目、奖励,优先提供培训机会,择优推荐工作成效突出的基地争创国家科普示范基地。各省级交通运输主管部门和科技主管部门、有关行业学会,应充分利用相关政策和交通运输重大工程建设,支持科普基地建设及运行,加强宣传和推介,扩大科普基地的社会认可度和影响力。

第十六条 对科普基地实行动态管理,适时组织开展综合评估,经评估合格的继续保留基地称号,评估不合格的责令整改。

第十七条 对未认真履行职责、运行不良的科普基地,有下列情况之一的,取消科普基地称号,且四年内不得再次申报:

(一)未履行科普义务,或因客观原因无法运行,主动申请撤销的。

(二)评估不合格,并经责令整改后仍不合格的。

(三)不提交年度科普工作总结与计划,不提交考核材料,不参加考核的。

(四)发生其他严重损害公众利益和科普基地名誉行为的。

对发生重大安全责任事故,或宣传伪科学、涉嫌商业欺诈等违法违纪行为的科普基地,交通运输部将会同科技部取消其科普基地称号,并依法严肃处理。

第五章 附 则

第十八条 本办法由交通运输部和科技部负责解释。

第十九条 本办法自 2020 年 7 月 10 日起施行。

参考文献

[1] 王世佳.H省全国科普教育基地资源配置效率评价研究[D].黑龙江:哈尔滨工程大学,2017.

[2] 唐智婷.我国科普从业者研究热点、主题与发展趋势解析——基于共词分析的知识图谱研究[J].科技传播,2020,12(23):63-65.

[3] 向燕.政府投资型科普教育基地运行管理中存在的问题及对策研究[D].广州:华南理工大学,2013.

[4] 曾庆江.青少年科普基地的建设研究——以济南市为例[D].山东:山东师范大学,2011.

[5] 孔德意.我国科普政策研究——基于政策文本分析[D].辽宁:东北大学,2015.

[6] 刘伟凡,汤乐明,严俊.北京市科普基地吸引力影响因素分析[J].科技管理研究,2020,40(23):80-85.

[7] 龙应钏,殷馨,王海文,等.高校化学实验教学中心化学科普探索[J].实验室研究与探索,2021,40(1):204-207.

[8] 王桂敏,张瀛,戴文博,等.核与辐射安全科普展厅建设现状分析及对策建议[J].核安全,2020,19(6):80-85.

[9] 齐欣,侯非,刘琦,等.科普服务标准体系构建研究[J].科普研究,2020,15(3):61-68,75.

[10] 陈佳,李娜.科普基地传播能力提升的对策研究[J].江苏科技信息,2020(22):24-27.

[11] 颜瑛逸.科普基地活动及其作用机理分析[D].辽宁:东北大学,2012.

[12] 汪付华,张屏,张怀念.传播气象知识 共享科技创新——全国气象科普基地建设及管理经验交流[C]//中国气象学会.第34届中国气象学会年会S22第七届全国气象科普论坛暨全国气象科普教育基地经验交流会论文集.[出版者不详],2017:159-163.

[13] 任鹏.中外科普活动比较研究[J].今日科苑,2020(5):39-45.

[14] 林春丹,李秋真,杨东杰,等."新工科"背景下高校科普基地的建设与实践[J].科普研究,2020,15(6):75-80.

[15] 刘明星,刘冰,赵蕊.博物馆类科普基地发展路径思考[J].区域治理,2020(4):78-80.

[16] 刘静,王娟,张玥.航天科普基地建设与创新发展[J].数字通信世界,2020(7):159,182.

[17] 秦学,邹春洋.广州市科普资源与科普基地类型及分布研究[J].广州市经济管理干部学院学报,2004,6(2):37-41.

[18] 汤旎,卢佳新,陈永梅.国家环保科普基地评价指标权重研究[J].环境卫生工程,2017,25(4):47-50.

[19] 卢佳新.环保科普基地评价指标研究[C]//中国科普研究所(China Research Institute for Science Popularization).中国科普理论与实践探索——第二十一届全国科普理论研讨会论文集.科学普及出版社,2014:289-295.

[20] 朱效民.30年来的中国科普政策与科普研究[J].中国科技论坛,2008(12):9-13.

[21] 张子辰.安徽省级科普基地认定及评价体系建设初探[J].安徽科技,2019(9):32-34.

[22] 宣毛毛,杨新征,王娜,等.交通运输科学技术普及体系建设探析[J].中国公路,2019(13):98-99.

[23] 李士,汤书昆,赵建龙,等.科学中心与科普教育基地建设与发展研究[M].北京:中国科学技术大学出版社,2011.